助人为人千言散集

刘仲
杨秀兰 编

黄河出版传媒集团
阳光出版社

图书在版编目(CIP)数据

助人为人 千言散集 / 刘仲，杨秀兰编. — 银川：阳光出版社，2014.9
ISBN 978-7-5525-1492-6

Ⅰ.①助… Ⅱ.①刘…②杨… Ⅲ.①汉语 — 格言 — 汇编 Ⅳ.①H136.3

中国版本图书馆 CIP 数据核字(2014)第 230120 号

助人为人 千言散集 刘 仲 杨秀兰 编

责任编辑 李少敏 赵维娟
封面设计 晨 皓
责任印制 岳建宁

黄河出版传媒集团
阳 光 出 版 社 **出版发行**

地 址 宁夏银川市北京东路 139 号出版大厦(750001)
网 址 http://www.yrpubm.com
网上书店 http://www.hh-book.com
电子信箱 yangguang@yrpubm.com
邮购电话 0951-5014274
经 销 全国新华书店
印刷装订 宁夏飞马彩色印务有限公司
印刷委托书号 (宁)0016595

开 本 720mm×980mm 1/16
印 张 10.5
字 数 130 千
版 次 2014年10月第1版
印 次 2014年10月第1次印刷
书 号 ISBN 978-7-5525-1492-6/I·458

定 价 18.00 元

前 言

继我编写的《人之路·自己行——人生百悟》一书出版后，这本书也已完稿，即将面世。说起来也真有趣，这本书的产生就好像母鸡下蛋一样，从一个母体中又蹦出了一个小活体。

缘由是去年我在动手编写《人之路·自己行——人生百悟》这本书时，查阅了不少资料，从中获得了不少名人名言、格言警句。我觉得这些名人名言、格言警句对指导人生弥足珍贵，于是便摘录出来，连同我以前收集的归纳在一起。其中有一部分已收录在书中，还有大部分因书中内容和篇幅所限未能收录。对未收录部分，我左看右看，越看越觉得这些名人名言、格言警句，犹如广袤苍穹中无数灿烂的星辰，既闪耀着智慧的光辉，照亮人的心扉，又启迪人的心智、端正人的心性；既透着做人的道理、人生的哲理，又耐人寻味，发人深省；既是我们做人做事的指路标、导向仪，同时，也是判别和规范人行为的准则，尤其在人迷惘之时，还可成为指引人的灯塔。这些名人名言、格言警句，其中有闪烁真理之光的传世之言，真知灼见的智慧之言，申明正义的警世之言，端人心性的明理之言，愤世嫉俗的刚正之言，以及为人处世的方良之言，也有一些可作为人一生的座右铭，使人受益终生。这些千古以来由千千万万的人在人生经历中探寻和积累的智慧结晶，如果仅记在笔记本中，束之高阁而弃置不用，岂不可惜？于是，我便萌生了将收集到的名人名言、格言警句汇编成册，作为精神食粮，谨供读者品味的想法。随即请我的老伴杨秀兰、女儿刘晖、外甥金帅辰帮我整理。我女儿刘晖虽是专业美术工作者，但文学功底较好，对这些名人名言、格言警句的理解有独到之处。很快这些名人名言、格言警句就被梳理了出来。梳理出来的这些内容，虽数量不大，却很庞杂，既有古代的名人名言，也有现代的格言警句，而且涉及面较广，很难归纳得自然妥帖。无奈之下，只好将书中内容按古代篇、现代篇划分，书名也只好定为《助人为人　千言散集》。这样的编法，肯定会令读者在阅读和使用时有不便之处，敬请多多包涵 。

书中所列的名人名言、格言警句，在人生哲理的浩瀚大海中，只是一股清洌的流水。所以，奉献给大家的这些，只是挂一漏万，望理解并希望大家都能收集和创造更多有关人生的格言，作为互勉互励的精神食粮。

刘　仲

2014 年 9 月 8 日

GU DAI PIAN

古代篇

▲ 君子喻于义，小人喻于利。——《论语》

君子通晓的是仁义，小人通晓的是财利。

▲ 富与贵，是人之所欲也；不以其道得之，不处也。——《论语》

发财与做官，都是人们所希望得到的，但如果是以不正当的手段得到它们，就是耻辱的事情。

▲ 子曰："君子病无能焉，不病人之不己知也。"——《论语》

君子只担心自己没有才能，不担心别人不了解、赏识自己。

▲ 君子成人之美，不成人之恶。——《论语》

君子帮助别人成全好事，不帮助别人成全坏事。

▲ 君子忧道不忧贫。——《论语》

君子忧虑的是不能走正道，不忧虑贫困。

▲ 有则改之，无则加勉。——《论语》

有错误就要改正，没有错误就以此为戒。

▲ 不学礼，无以立。——《论语》

没有礼貌就很难在人群中立足。

▲ 玉不琢，不成器。人不学，不知义。——《论语》

玉石如果不经过雕刻，就成不了宝器。人如果不学习，就不懂做人的道理。

▲ 不患人之不己知，患不知人也。——《论语》

不要忧虑别人不了解自己，而忧虑的应该是自己不了解别人。

▲ 道二，仁与不仁而已矣。——《孟子》

人生的路只有两条，一条是行仁义之事，一条是不行仁义之事，而不可能走在中间。

▲ 先修身而后求能。——《孔子家语》

人要先修炼好自己的品行，才能有自我发展的基础和保证。

▲ 过而不改，是谓过矣。——《论语》

犯了过错而不知道改正，那才是真正的过错。

▲ 君子坦荡荡，小人常戚戚。——《论语》

作为君子，应当有宽广的胸怀，可以容忍别人，容纳各种事件，不计个人利害得失。心胸狭窄，与人为难，与己为难，时常忧愁，局促不安，就不可能成为君子。

▲ 人而无信，不知其可也。大车无輗，小车无軏，其何以行之哉？——《论语》

作为人，如果不讲信誉，是不行的。那就像大车没有安横木的輗，小车没有安横木的軏一样，是难以行走的。

▲ 弟子入则孝，出则悌，谨而信，泛爱众，而亲仁，行有余力，则以学文。——《论语》

少年弟子，回到家里要孝敬父母，外出要敬重兄长，要谨慎少言，诚实可信、博爱众人，接近有仁德的人，有了多余的精力，就去学习。

▲ 父母在，不远游，游必有方。——《论语》

父母在世，不远离家乡，如果要出远门，必须有明确的去处。

▲ 子曰："德不孤，必有邻。"——《论语》

有德行的人一定不会孤单，有很多邻居和朋友关心和帮助他。

▲ 君子固穷，小人穷斯滥矣。——《论语》

一个有德行、有修养的人，虽然生活很穷困，但他决不会丢弃做人的原则。没有德行和修养的人则不同，身处穷困，为了活命就会丢失做人原则而胡作非为。

▲ 法语之言，能无从乎？改之为贵。巽与之言，能无说乎？绎之为贵。说而不绎，从而不改，吾末如之何也已矣。——《论语》

对别人的批评要听从，并能确实改正，这是十分可贵的；对别人恭维的话，要学会冷静地分析，这也是十分可贵的。如果听到别人的批评充耳不闻、拒绝改正，对别人恭维自己的话不去冷静地分析，是很难对待别人的规劝和赞扬的。

▲ 君子食无求饱，居无求安，敏于事而慎于言，就有道而正焉，可谓好学也已。——《论语》

人不要太过于满足自己的口腹之欲，也不要过分追求安逸，而应重视精神生命的升华。对工作勤劳敏捷，不要乱讲话，到有道德的人那里去匡正自己，这样可以说是好学了。

▲ 君子不重则不威。——《论语》

如果一个人不自重，没有了自尊心，没有了自信，那么就没有了尊严和威力。

▲ 夫责已者，兼可以成人之善，专责人者，适以长己之恶。

——《礼记》

经常责备自己的人，同时也能使其他人受到教育；专门责备别人的人，则不会与人为善，而只是与人交恶。

▲ 慎思之，明辨之，笃行之。——《礼记》

一个人要做事，先要谨慎思考，辨明是非，然后再去干这件事。

▲ 听其言而观其行。——《论语》

观察和了解一个人，不能只看他说得怎么样，更重要的是看他做得怎么样。

▲ 人无远虑，必有近忧。——《论语》

人考虑问题或做出决策，如不为长远着想，那么就会有即将到来的忧患。

▲ 季文子三思而后行。子闻之，曰："再，斯可矣。"——《论语》

有个叫季文子的人，干什么事都要考虑三遍才去做。孔子听说后说，做事要谨慎，思而又思就可以了，过于谨慎就会变得犹豫不决。

▲ 三十而立，四十而不惑，五十而知天命，六十而耳顺，七十而从心所欲，不逾矩。——《论语》

人在三十时就应有事业可为，到了四十时就应不犯糊涂，到了五十岁就应对人生的真谛有所理解，到了六十岁就应听得进别人讲的不好的话，到了七十岁就可以按照自己的心性活着，这就是一般的人生轨迹。

▲ 己所不欲，勿施于人。——《论语》

自己办不到的事，不要强加给别人去办。

▲ 人之生也直，罔之生也幸而免。——《论语》

人活在世界上，应该好好地真诚地过日子，如果没有了真诚还能活下去，那要靠侥幸才能够免于灾难。

▲ 言忠信，行笃敬，虽蛮貊之邦，行矣。——《论语》

只要我说话真诚而守信，做事认真而负责，到没有开化的地方照样走得通，在任何地方都没有问题。

▲ 富而可求也，虽执鞭之士，吾亦为之。如不可求，从吾所好。

——《论语》

追求生活富有，只要合乎于道，每个人都可以去做，就是拿着鞭子赶车，也可以做。但如果追求富贵不合乎道，还是要干自己善于干的事。

▲ 要富而教之，要富而崇文，要富而好礼。

人越富有越要接受教育，人越富有越要崇尚文化，人越富有越要懂得礼貌。

▲ 饭疏食饮水，曲肱而枕之，乐亦在其中矣。不义而富且贵，于我如浮云。——《论语》

吃的是粗粮，喝的是冷水，弯起手臂做枕头，这样的生活也有乐趣！用不正当的手段得来的富贵，会稍纵即逝，好像浮云一样。

▲ 无求生以害仁，有杀身以成仁。——《论语》

具有无私之心，拥有牺牲、奉献精神的人，才是具有高尚品德的人。

▲ 益者三友，损者三友。友直，友谅，友多闻，益矣。友便辟，友善柔，友便佞，损矣。——《论语》

有益的朋友有三种，第一种是正直、刚正不阿的人，第二种是讲宽容、讲诚信的人，第三种是学识渊博的人。损友则是性格暴躁、蛮不讲理的人，优柔寡断、知难而退的人，心理阴暗、贪欲甚多的人，同这三种人交朋友是有害的。

▲ 知之为知之，不知为不知，是知也。——《论语》

对事物的认知，知道就是知道，不知道就是不知道，不能本来不知道还说自己知道，担心别人轻视自己，结果却适得其反。

▲ 学而不思则罔，思而不学则殆。——《论语》

只读书不思考，就会迷惑而无所适从，只是思考而不读书，就会无所收获。

▲ 君子求诸己，小人求诸人。——《论语》

君子严格要求自己，而小人则千方百计要求、苛求别人。

▲ 知者不惑，仁者不忧，勇者不惧。——《论语》

明智的人不会疑惑，仁爱的人不会忧愁，勇敢的人不会畏惧。

▲ 工欲善其事，必先利其器。

工匠要想做好自己的工作，必须事先磨好工具，一个人要胜任工作，必须首先学好本领。

▲ 欲速，则不达；见小利，则大事不成。——《论语》

只求速度，往往达不到目的；贪图小利，就做不成大事。

▲ 岁寒，然后知松柏之后凋也。——《论语》

到了寒冷的季节，才知道松树、柏树是最后凋谢的。

▲ 君子周而不比，小人比而不周。——《论语》

君子为人处世对每一个人都是一样的，小人则只跟要好的人做朋友，什么事都以我为中心、为标准，这样就不会孤立。

▲ 君子怀德，小人怀土，君子怀刑，小人怀惠。——《论语》

君子的思想中心在道德，违背道德的事不干，小人则不管道德不道德，只要有土地(古时的土地相当于财富)，缺德的事也可以去干。君子都怀畏刑法，不去做违法之事，小人只是怀思福惠，处处讲利益，只要有利就做，不管违不违法。

▲ 三人行，必有我师焉。择其善者而从之，其不善者而改之。

——《论语》

几个人同行，其中必定有可以当我老师的人。我选择他好的方面向他学习，看到他不好的方面就对照自己改正自己的缺点。

▲ 夫仁者，己欲立而立人，己欲达而达人。能近取譬，可谓仁之方也已。——《论语》

仁德的人，自己想站得住，首先使别人也能站得住；自己要做到通达事理，首先要使别人也通达事理。凡事能就近以自己作比，而推己及人，就是实行仁的方法了。

▲ 故君子名之必可言也，言之必可行也。君子于其言，无所苟而已矣。——《论语》

君子一定要定下一个名分，必须能够说得明白，说出来一定能够行得通。君子对自己的言行，是从不马马虎虎对待的。

▲ 恭而无礼则劳，慎而无礼则葸，勇而无礼则乱，直而无礼则

绞。——《论语》

只是恭敬而不以礼来指导，就会徒劳无功；只是谨慎而不以礼来指导，就会畏缩拘谨；只是勇猛而不以礼来指导，就会说话尖刻。一味恭敬而不懂礼法就会烦劳、忧愁；过于谨慎而不懂礼法就会显得胆小怕事；只知道勇敢而不懂得礼法的人就会鲁莽惹祸；心直口快却不懂得礼法的人就会尖刻伤人。

▲ 礼之用，和为贵。——《论语》

礼的应用，以能够斟酌损益、从容中和最可贵。

▲ 盖有不知而作之者，我无是也。多闻，择其善者而从之；多见而识之；知之次也。——《论语》

有这样一种人，可能他什么都不懂却在那里凭空创造，我却没有这样做过。多听，选择其中好的来学习；多看，然后记在心里；这是次一等的智慧。

▲ 圣则吾不能，我学不厌而教不倦也。——《论语》

我不能算是圣人啊，我学习不感到厌倦，教育不觉得疲惫而已。

▲ 学如不及，犹恐失之。——《论语》

学习好像追赶什么，总怕赶不上，赶上了又怕被甩掉。形容学习勤奋、进取心强。

▲ 敏而好学，不耻下问。——《论语》

天资聪明而又好学的人，不以向地位比自己低、学识比自己差的人请教为耻。

▲ 以能问于不能，以多问于寡；有若无，实若虚；犯而不校——昔者吾友常从事于斯矣。——《论语》

自己有才能却向没有才能的人请教，自己知识多却向知识少的人请教，有学问却像没学问一样；知识很充实却好像很空虚；被人侵犯却也不计较；从前我的朋友就这样做过了。

▲ 兴于诗，立于礼，成于乐。——《论语》

人的修养，开始于学诗，自立于学礼，完成于学乐。

▲ 志于道，据于德，依于仁，游于艺。——《论语》

根据大道而立志，依据道德而执守（这是有了人生的底线），指归于仁道而不违背（这样才称得上君子），悠游于六艺而适情（这样的人生才丰富多彩）。

▲ 众恶之，必察焉；众好之，必察焉。——《论语》

众人厌恶他，一定要仔细审查；众人都喜欢他，也一定要仔细审查。

▲ 学而时习之，不亦说乎？有朋自远方来，不亦乐乎？人不知而不愠，不亦君子乎？——《论语》

学了又按时温习、练习，不是很喜悦吗？有朋友从远方来，不是很快乐吗？人们不了解我，我却不怨恨、不生气，不是一个品德高尚的人吗？

▲ 温故而知新，可以为师矣。——《论语》

广泛地熟读典籍，复习所学的知识，进而从中获得新的领悟，又能努力吸收新知识，以求融会贯通，做到这样的程度，才可称为老师啊！

▲ 日知其所亡，月无忘其所能，可谓好学也已矣。——《论语》

每天都能懂得以前不懂的知识，每月都能不忘掉已经学会的东西，这就可以说是好学的了。

▲ 有教无类。——《论语》

不因为贫富、贵贱、智愚、善恶等原因把一些人排除在教育对象之外，对谁都可以进行教育。

▲ 慎终追远，民德归厚矣。——《论语》

谨慎地对待父母的去世，追念久远的祖先，自然会导致老百姓日趋忠厚老实了。

▲ 成事不说，遂事不谏，既往不咎。——《论语》

已经过去的事就不要再追究了，已经做过的事不要再评说了，已经完成的事不要再议论了。

▲ 巧言论德，小不忍则乱大谋。——《论语》

花言巧语能败坏德行，小事不忍耐，就会坏了大计谋。

▲ 君子耻其言而过其行。——《论语》

做人要以说得多、做得少为耻辱。

▲ 躬自厚而薄责于人，则远怨矣！——《论语》

多责备自己，少埋怨人家，内心的怨恨自然就少了。

▲ 见贤思齐焉，见不贤而内自省也！——《论语》

看见贤人就要向他看齐，看到不贤的人，就在内心反省一下自己有没有类似的过错。

▲ 过则勿惮改。——《论语》

有了过错就不要怕改正。

▲ 过而不改，是谓过矣。——《论语》

有过错而不改，这才真叫错了。

▲ 其为人也，发愤忘食，乐以忘忧，不知老之将至。

——《论语》

孔子这个人学习很专一、很发愤，有时把吃饭和忧虑的事都忘记，不知不觉之中人都已经变老了。

▲ 虽有至道，弗学，不知其善也。是故学，然后知不足，教，然后知困。知不足，然后能自反也；知困，然后能自强也。——《礼记》

虽然有正道可循，但是不学习就不能了解正道如何行。所以只有学习才能知道自己的不足，通过教学才能发现自己也有疑难不解的地方。知道了自己的不足，才能自省和反思；有了疑虑，才能深入钻研，自我提高。

▲ 非礼勿视，非礼勿听，非礼勿言，非礼勿动。——《论语》

超出道德规范的事不要去看、去听、去说、去做。

▲ 修己以敬。——《论语》

人们应该用严肃庄敬的态度进行道德修养，不使自己的思想有丝毫放松。

▲ 古者言之不出，耻躬之不逮也。——《论语》

古人不随便说话，因为说了而做不到是可耻的人。一个人轻率出言，言多必失，对自己是有害无益，对别人也有间接损害及影响，是一破坏人际关系的重要因素。

▲ 不知言，无以知人也。——《论语》

"知言"，指善于分析别人的言语，辨其是非善恶。故孔子说，不懂得分辨人家的言语，就不能真正认识人。

▲ 益者三乐，损者三乐。乐节礼乐，乐道人之善，乐多贤友，益矣。乐骄乐，乐佚游，乐晏乐，损矣！——《论语》

孔子认为，有益的喜好有三种，有害的喜好也有三种。以得到礼乐的调节为快乐，以宣扬别人的好处为快乐，以交了不少有益的朋友为快乐，便有益了。以骄傲为快乐，以游荡忘返为快乐，以饮食荒淫为快乐，便有害了。

▲ 不念旧恶，怨是用希。——《论语》

不记念过去的仇恨，别人对你的怨恨也就很少。这是孔子称赞伯夷、叔齐的话。

▲ 其身正，不令而行；其身不正，虽令不从。——《论语》

作为一个领导者，如果自身做好了，手下人不用他多说什么，也会主动照他的样子去做；如果自身不正派，无论他如何指挥，大家也不会听他的话。这话具有强大的生命力，一个企业的领导，不管是正面的还是反面的，其影响力不说是“无穷的”，至少也是极大的。所以，孔子在说了“政者，正也”之后，又接着说“子帅以正，孰敢不正？”总而言之，“正”为“政”之本，“正”亡则“政”亡。作为一个企业决策者而言，不可不引以为慎、引以为戒！

▲ 三军可夺帅也，匹夫不可夺志也。——《论语》

军队可以失去自己的统帅，但有志者决不能丧失斗志。

▲ 爱人不亲，反其仁；治人不治，反其智；礼人不答，反其敬——行有不得者皆反求诸己，其身正而天下归之。——《孟子》

如果你爱别人，而别人并不爱你、亲近你，那就应当反思你的仁爱是否真诚。如果你治理别人，而别人并不服从你的治理，就应该反思，你的智慧是否足够。如果你礼貌待人而别人并不敬重你，那你应当反思你的礼貌是否足够。任何行为如果没有取得效果，都要反过来检查一下自己，只要自己本身端正，天下人民就会归顺你了。

▲ 天时不如地利，地利不如人和。——《孟子》

好时代的优势不如所在地的优势好，所在地的优势不如所在地人的和睦相处、团结奋进好。

▲ 仁者无敌。——《孟子》

行仁政者，天下无敌。

▲ 子归而求之，有余师。——《孟子》

人在外可以找老师学到许多知识，回到家中也有老师，这个老师就是你的良心。

▲ 人不可以无耻，无耻之耻，无耻矣。——《孟子》

人不可以没有羞耻，不知羞耻的那种羞耻，真是不知羞耻啊！

▲ 行一不义，杀一无辜，而得天下，皆不为也。——《孟子》

做一件不该做的事，杀一个无辜的人，因此可以得到天下，他也不会去做。这十六个字，古今中外的政治领袖，都应该拿来当座右铭。

▲ 君子莫大乎与人为善。——《孟子》

做君子最伟大的地方就是与人为善，不要去挑别人的缺点短处，而是跟别人一起走上善的道路。

▲ 万物皆备于我矣。反身而诚，乐莫大焉。——《孟子》

万物之理都摆在我面前，只要真诚地反省自己，研究通晓万物之理，就是天底下最大的快乐。

▲ 出入相友，守望相助，疾病相扶持。——《孟子》

平日出入互相友爱，平常互相关照，有了疾病互相照顾。这里倡导的是一种人与人之间和睦的关系。

▲ 谨痒序之教，申之以孝悌之意，颁白者不负戴于道路矣。——《孟子》

一定要办好学校，要给学生反复教导孝顺父母、尊敬师长的道理，这样头发花白的老人就不会在路上背着或顶着东西走路了。这里倡导的是一个国家要有好的人伦教育。

▲ 先有司，赦小过，举贤才。——《论语》

当领导的要做到三点：一是要身先士卒，二是要能原谅部下小的过失，三是要注意举荐贤能的人。

▲ 故天将降大任于斯人也，必先苦其心志，劳其筋骨，饿其体肤，空乏其身，行拂乱其所为。——《孟子》

上天要将一件大事交给一个人来完成，必须先锻炼他的心志，磨炼他的意志，增强他的忍耐心，规范他的行为，控制他的心性，才能使其最终成就大事。

▲ 学问之道无他，求其放心而已矣。——《孟子》

向老师请教学习其实并没有别的，就是要把失去的心找回来。只要把失去的心找回来，内心就有了一个主宰，做人处世就没有问题，这是立其大本大纲 。

▲ 大人者不失其赤子之心者也。——《孟子》

有道德的人，就是没有失去像小孩子一样单纯、幼稚的心。

▲ 贤者以其昭昭使人昭昭，今以其昏昏使人昭昭。

——《孟子》

贤明的人自己明白，让别人也能明白；今天的人，则是自己都没有明白，却要别人明白。

▲ 养心莫善于寡欲。——《孟子》

涵养人的心性最好的办法是节欲，尤其是要节制贪欲。

▲ 仰不愧于天，俯不怍于人。——《孟子》

仰起头来看看自己对天无愧，低下头去想想觉得自己不愧于别人。做人要光明磊落、问心无愧，君子坦荡荡。

▲ 老吾老以及人之老，幼吾幼以及人之幼。——《孟子》

在赡养孝敬自己的长辈时，不应忘记其他与自己没有亲缘关系的老人；在抚养教育自己的小辈时不应忘记其他与自己没有血缘关系的小孩。

▲ 富贵不能淫，贫贱不能移，威武不能屈，此之谓大丈夫。

——《孟子》

真正的大丈夫，要有坚定的信念，不为荣华富贵所诱惑，不为贫贱困苦所改变，不为威胁暴力所屈服，这样的人才称得上是大丈夫。

▲ 穷则独善其身，达则兼善天下。——《孟子》

不得志时就洁身自好修养个人品德，得志时就使天下都能这样。

▲ 生于忧患而死于安乐也。——《孟子》

忧患使人得以生存，安逸享乐导致死亡。

▲ 君子不怨天，不尤人。——《孟子》

对任何损失之事，都不应去抱怨天道，也不应该责怪他人，一切都应从自身找原因。

▲ 枉己者，未有能直人者也。——《孟子》

枉己，意思是使自己不正直。孟子认为，君子守身之道：切不可枉屈了自己而去低附顺从他人。枉屈自己的人，不可能使别人正直起来。孟子的原意是，反对人们以屈辱自己的志向和主张来达到追随贵族的目的。

▲ 自暴者，不可与有言也；自弃者，不可与有为也。言非礼义，谓之自暴也；吾身不能居仁由义，谓之自弃也。——《孟子》

自暴、自弃者，就是自卑，不求进取，破罐子破摔，不讲仁、义、礼的人，最终必然害了自己。孟子认为，对于这种自暴自弃的人没有什么道理可讲，不好与他共图善事的。

▲ 不挟长，不挟贵，不挟兄弟而友。友也者，友其德也，不可以有挟也。——《孟子》

挟，依仗，要挟。孟子认为，交朋友不要倚仗自己年岁大，也不要倚仗自己身份高贵，更不应倚仗自己兄弟势力。交朋友重要的是以品德而交，所以心中不可以存有倚仗的妄想。

▲ 以力服人者，非心服也，力不赡也；以德服人者，心悦而诚服

也。——《孟子》

以武力使人屈服，不能使人真心顺服，只是暂时的力量不足而服之。以德行使人折服，才能使人从内心里心悦诚服。

▲ 我有三宝，持而保之。一曰慈，二曰俭，三曰不敢为天下先。

——《老子》

人应该持有三件法宝并且珍视它们。这三件法宝，一是仁慈，二是勤俭，三是不敢为天下先。故为慈则能勇，俭则能广，不敢为天下先，故能为成益长。

▲ 天下皆知美之为，美斯恶已，皆知善之为，善斯不善已。

——《老子》

世人都去做被认为美好的事，美好的事物就变得不美了。大家都知道善之所以为善，就不是什么善了。

▲ 知者不言，言者不知。——《老子》

聪明的人不夸夸其谈，夸夸其谈的人并不聪明。

▲ 上善若水。水善利万物而不争，处众人之所恶，故几于“道”矣。——《老子》

最高境界的善行就像水的品行一样，泽被万物而不争名利。

▲ 宠辱若惊，贵大患若身。——《老子》

崇尚爱好自己能够过上守辱处下的生活，得之则惊喜，失之则惊惧，看重大的忧患，就像看重自己的生命一样。

▲ 曲则全，枉则直；洼则盈，敝则新；少则得，多则惑。

——《老子》

委屈反而可以保全，弯曲反而可以伸直，低洼反而可以盈满，破旧反而可以更新，少了反而可以得到，多了反而变得疑惑。

▲ 企者不立，跨者不行。——《老子》

踮起脚尖的人站不稳，跨步走的人走不快、走不远。告诫人们不要好高骛远。

▲ 轻则失本，躁则失君。——《老子》

一个人太过轻率就会失去根基，一个人太过浮躁就会失去主宰。

▲ 故知足不辱，知止不殆，可以长久。——《老子》

知道满足就不会感到屈辱，知道适可而止就不会遇到危险，这样才可以长久的平安。

▲ 功成而废居。——《老子》

功业成就，而不自居。

▲ 是以大丈夫处其厚，不居其薄；处其实，不居其华。

——《老子》

大丈夫要处世忠厚，不要处世轻薄，要处世踏实，不要处世浮华。

▲ 图难于其易，为大于其细。天下难事必作于易，天下大事必作于细。——《老子》

考虑难事应该在它还是简易的时候，处理大事必定从简易开始，天下大事必定从细小开始。

▲ 民之从事也，恒于几成而败之，故曰："慎终如始，则无败事。"——《老子》

人们办事会常常在接近成功时失败，如果办事都能从头到尾谨慎从事，那就不会失败了。

▲ 见素抱朴，少私寡欲。——《老子》

做人应该保持平凡，坚持朴实，减少私念，降低欲望。

▲ 为之于未有，治之于未乱。合抱之木，生于毫末，九层之台，起于累土，千里之行，始于足下。——《老子》

处理事情要在它尚未发生和处于萌芽状态就加以防范，治理国家要在没有发生混乱时就要下功夫。合抱的大树都是从幼苗开始长成，九层高的楼台都是从一筐筐土堆起来的，千里的行程都是靠脚下一步一步走出来的。

▲ 功遂身退，天之道也。——《老子》

事业成功了就应该退下来成就美名，这是上天的自然法则。

▲ 有无之相生也，难易之相成也，长短之相形也，高下之相盈也，音声之和也，先、后之相随，恒也。——《老子》

有和无互相转化，难和易互相形成，长和短互相显现，高和下互相充实，音和声互相和谐，前和后互相接随，这是永恒的。

▲ 大道泛兮，其可左右。——《老子》

事物的规律性可以包容一切，但它不会被人所支配。

▲ 祸兮，福之所倚；福兮，祸之所伏。——《老子》

眼前发生的灾祸，其中自有福善之事所依存；目前出现的福瑞之事，却埋伏着灾祸。

▲ 是以兵强则不胜，木强则折。——《老子》

依仗兵力强盛，则会不胜甚至失势，树木高大粗壮，则就会被摧折。

▲ 人之所畏，不可不畏。——《老子》

人们所畏惧的不能不畏惧。

▲ 知其雄，守其雌，为天下溪。——《老子》

知道什么是进取有为之事，却安于虚静无为之道，如此，才能使天下人归顺。

▲ 知人者智，自知者明；胜人者有力，自胜者强。——《老子》

善于体察别人是智慧，能够认识自我的是高明，善于战胜别人是有威力，能够战胜自我是强大。

▲ 虽有荣观，燕处超然。——《老子》

一个人虽然处在荣华富贵之中，依然超然物外，不被荣华富贵所累。

▲ 既以为人己愈有，既以与人己愈多。——《老子》

如果我们能施之于众，肯付出、肯为人服务，能舍己利群、和平互助，必能使自己获得更多。

▲ 无求生以害人，有杀身以成仁。——《论语》

不要因为自己的私利而害人，如果为了道德，宁肯牺牲自己的生命。

▲ 不争而争，后来居上。——《老子》

凡事强出头的人，不一定能赢，只有默默无闻、锲而不舍的人，才能是最后的赢家。

▲ 治身养性者，节寝处，适饮食。

修身养性的人，要吃得下，睡得香。

▲ 故贵以贱为本，高以下为基。——《老子》

所以贵必须以贱为根本，高必须以下为基础。老子认为懂得了这一点，就可以使人心理平衡，可以使人知足。

▲ 夫轻诺必寡信，多易必多难。——《老子》

社会经验不足的人往往会轻易答应别人的要求或者把事情看得很容易。这样的人常常会因轻易许诺而失信于人，因为把事情看得过于简单而使自己陷于困难境地。

▲ 信言不美，美言不信。善者不辩，辩者不善。——《老子》

真实的话往往不甜美，甜美的话往往不真实。诚实善良的人不会花言巧语，而花言巧语者往往不是诚实善良之辈。

▲ 故善人者，不善人之师；不善人，善人之资。——《老子》

所以好人可以做坏人的老师，坏人的教训也可被好人借鉴。

▲ 祸莫大于不知足，咎莫大于欲得。故知足之足，常足矣。

——《老子》

最大的祸患是贪欲（贪欲是一切罪过、灾难的根源），是不知满足、贪得无厌；最大的过失、错误，是图谋多得。所以，知足的人就会永远满足，天下也就能永享太平。

▲ 不自见，故明；不自是，故彰；不自伐，故有功；不自矜，故长。夫惟不争，故天下莫能与之争。——《老子》

不单凭自己的眼光看，道理才能看清；不自以为是，是非才能明辨；不自我夸耀，功德才能显著；不自高自大，长处才能显示。只有谦让，天下人才无法与之相争。

▲ 不知足者之忧终身不解。——《韩非子》

贪得无厌的人的忧虑烦恼，是一辈子都无法消除的。

▲ 缓心而无成，柔茹而寡断，好恶无决，而无所定立者，可亡也。——《韩非子》

做事犹豫不决之人，性格懦弱而没什么断决之人，不知什么是善恶之人，必定会灭亡。

▲ 千丈之堤，以蝼蚁之穴溃决；百尺之室，以突隙之烟焚。

——《韩非子》

千丈长堤，因为蝼蚁的洞穴而溃决；百尺高房，因为烟囱裂缝冒出的烟火而烧毁。

▲ 空窍者，神明之户牖也。耳目竭于声色，精神竭于外貌，故中无主。中无主，则祸福虽如丘山，无从识之。——《韩非子》

孔窍（耳目口鼻等感官）是精神的门窗，如果人们的耳力、目力都在声色上用尽，精神都在外表仪容上用尽，那么就会使内心没有主宰。内心没有主宰，那么祸福即使像山丘一样明摆在面前，也没有办法认识它。

▲ 故知之难，不在见人，在自见。——《韩非子》

了解事物最大的困难，不在能否看清别人，而在能否看清自己。

▲ 是以志之难也，不在胜人，在自胜也。——《韩非子》

人想要实现自己的志向，最大的困难不在如何战胜别人，而在如何战胜自己。

▲ 圣人见微以知萌，见端以知末。——《韩非子》

从前箕子看到商纣王用象牙做筷子，就知道天下会有祸患。所以说，圣人能从微小的现象看到事物的苗头，能从事物的开端看到事物的结果。

▲ 太山不立好恶，故能成其高；江海不择小助，故能成其富。

——《韩非子》

泰山对土石没有好恶之心（都能容纳），所以能够垒积出它的高大；江海对细流不加选择，所以能够汇成它的浩瀚。说明君子之心能容纳万物。

▲ 功当其事，事当其言，则赏；功不当其事，事不当其言，则罚。

——《韩非子》

做出的成绩和实际效果相符合，干的事情和说出的话相符合就奖赏；反之就谴责。

▲ 祸难生于邪心，邪心诱于可欲。——《韩非子》

灾难产生于邪恶之心，邪恶之心被可引起欲望的东西引诱起来。这是告诫人们，只有抛弃欲念邪心，才能免去灾祸。

▲ 身贵而愈恭，家富而愈俭，胜致而愈戒。——《荀子》

身居高贵地位，越要谦虚；家里富有，更要注意节俭；战胜了敌人，更要提高警惕。

▲ 岁不寒无以知松柏，事不难无以知君子。——《荀子》

如果天气不严寒，就难以品味松柏的高洁，如果做人做事不难，就很难锻炼出一个君子。

▲ 故与人善言，暖于布帛；伤人之言，深于矛戟。——《荀子》

对人讲有帮助的话比布帛还温暖，伤害人的话比矛戟造成的伤口更深。

▲ 故木受绳则直，金就砺则利。——《荀子》

弯曲的木头，经过绳子的拉扯可以变直；不钝利的刀子经过磨砺，可以变得锋利。

▲ 君子乐得其道，小人乐得其欲。以道制欲，则乐而不乱；以欲忘道，则惑而不乐。故乐者，所以道乐也；金石丝竹，所以道德也。

——《荀子》

君子喜欢音乐是为了提高道德修养，小人喜欢音乐是为了满足个人欲望。用道来控制欲望，就会喜乐而不悖乱；欲望过分而忘记了道，就会迷惑而不快乐。所以，音乐是用来引导快乐的，金石丝竹之声，是用来引导道德的。

▲ 不积跬步无以至千里，不积小流无以成江海。——《荀子》

千里之路，是靠一步一步地走出来的，没有小步的积累，是不可能走完千里之途的。引申意思是，做事要脚踏实地，一步一个脚印的坚韧不拔地向前，最终才能达到目的。

▲ 骐骥一跃，不能十步；驽马十驾，功在不舍。锲而舍之，朽木不折；锲而不舍，金石可镂。——《荀子》

好的马一下也不能跳出十步远，差的马拉车走十天，也能走很远，它的成功在于不放弃。如果半途而废，即使是一块朽木，你也刻不动它，然而只要你一直刻下去不放弃，哪怕是金属、石头都能雕刻成功。无论治学、办事，一定要有锲而不舍的精神，不能半途而废。

▲ 学不可以已。——《荀子》

学习应始终坚持，而不应停止。

▲ 青，取于蓝而青于蓝。冰，水为之而寒于水。——《荀子》

青色是从蓼兰叶子中提出的染料染成的，但却比兰草的颜色更青。冰是由水凝结而成的，却比水更寒冷。用此比喻弟子可以优于师傅，学生可以赶过老师。

▲ 君子之学也，入乎耳，箸乎心，布乎四肢，形乎动静，端而言，蝡而动，一可以为法则。——《荀子》

君子学习，要听在耳里，记在心里，倾注全部的心血，表现在一言一行，哪怕是极细微的言行，都可以垂范于人。

▲ 学之经莫速乎好其人，隆礼次之。——《荀子》

学习的途径，首先是以自己最理想的完人作为学习的榜样，其次是崇高的礼法，用以约束自己。

▲ 古之学者为己，今之学者为人。君子之学也，以美其身；小人之学也，以为禽犊。——《荀子》

古时候的人学习是为了提高自己，现在有的人学习是为了装样子给别人看，君子学习是想把自己培养成完美的人，小人学习则相反。

▲ 生乎由是，死乎由是，夫是之谓德操。——《荀子》

人无论是生，还是死，都要坚持道德操守。

▲ 故非我而当者，吾师也；是我而当者，吾友也；谄谀我者，吾贼也。——《荀子》

能指出自己错误的人，是我的老师；能恰如其分地肯定自己成绩的人，是我的朋友；那种奉承拍马的人，是小人、是贼。

▲ 体恭敬而心忠信，术礼义而情爱人，横行天下，虽困四夷，人莫不贵。劳苦之事则争先，饶乐之事则能让，端悫诚信，拘守而详，横行天下，虽困四夷，人莫不任。——《荀子》

人们敬重的是能够力行恭敬而心存忠信，遵循礼义而性情仁爱之人。这种人，虽然得不到重用而困于边远地区，人们还是会尊重他。所谓恭敬、礼义的具体表现是：劳苦之事争着去干，享乐之事则能让给别人，而且他能谨守法度、明察事理。这样的人，不管走到哪里，都会得到人们的信任。

▲ 高上尊贵不以骄人，聪明圣知不以穷人，齐给速通不争先人，刚毅勇敢不以伤人。不知则问，不能则学，虽能必让，然后为德。

——《荀子》

高上尊贵，却不可傲视别人；聪明过人，却不使人难堪；口才流利，却不与人争先；刚毅勇敢，却不去伤害别人。自己有不知道的，就去问人家，不会做就学，虽然有才能，也不自傲，这样才算有德。

▲ 贤能不待次而举，罢不能不待须而废。——《荀子》

有能之才，不要拘泥常规，应大胆擢用；至于无能者应毫不留情地立刻罢黜。

▲ 故人生不能无群，群而无分则争，争则乱，乱则离，离则弱，弱则不能胜物。——《荀子》

因此说，人生下来就不能不组成社会，当社会里彼此没有分工，就会有争端，一有争端就会乱，乱了就会离散，离散了，人的群体战斗力就会削弱，就不能战胜自然。荀子从反面论证了社会分工和维持社会秩序的重要性。

▲ 故君子居必择乡，游必就士，所以防邪僻而近中正也。

——《荀子》

君子定居时一定要谨慎地选择好地方，外出时要和有学问、有道德的人交往。

▲慧者心辩而不繁说，多力不伐功，此以名誉扬天下。

——《荀子》

聪明的人把能言善辩定在心里，而不是嘴上滔滔不绝，有能力的人不标榜自己的贡献，由于这个原因他的声誉能广为人知。

▲非无足财，我无足心。——《墨子》

不是财物不能满足需要，而是个人欲望没有止境。

▲顺天意者，兼相爱，交相利必得赏。——《墨子》

顺应天意的人，要普遍平等地爱每一个人，有了利益大家要共同分享，这要必得到奖赏。

▲君子不镜于水，而镜于人。镜于水，见面之容；镜于人，则知吉与凶。——《墨子》

君子不在水中照镜子，而是以人做镜子。在水中照镜子，只能见到面容；以人作镜子，则知晓吉利与凶难。

▲君子之道也，贫则见廉，富则见义，生则见爱，死则见哀。四行者不可虚假，反之身者也。藏于心者，无以竭爱；动于身者，无以竭恭；出于口者，无以竭驯。——《墨子》

君子的品德是贫穷时就表现出廉洁，富贵时就表现出仁义，生前受人爱戴，死后被人哀悼。这四种行为不可虚假，是需反躬自问、从事自身修养才能做到。存在于心中的，是无尽的爱；动之于身的，是无尽的恭敬；讲出于口的，是不竭的典雅之言。这种修养，只有君子能够贯彻于全身。

▲志不强者智不达，言不信者行不果。据财不能以分人者，不足与友；守道不笃，编物不博，辩是非不察者，不足与游。——《墨子》

意志不坚强的人，他的才智不会通达；说话不讲信用的人，他的行动不会果敢。拥有钱财不肯分给别人的人，不值得跟他交朋友；守道不专一，认识事物不广博，辨论是非不能明察的人，不值得跟他交流。

▲ 投我以桃，报之以李。即此言爱人者必见爱也，而恶人者必见恶也。——《墨子》

墨子主张兼爱互助，认为主动兼爱他人的人，必能得到相应的报答。

▲ 仁人以其取舍、是非之理相告，无故从有故也，弗知从有知也，无辞必服，见善必行，何故相与？——《墨子》

故，理由；弗知，无知；相，相与。仁人之间都是把是非曲直的道理相互讲明，无理的服从有理的，无知的服从有知的，理屈辞穷的应该服输，听到善言应该同意，何故会互相为敌呢？

▲ 其友皆好仁义，淳谨畏令，则家日益，身日安，名日荣，处官得其理矣。——《墨子》

淳谨畏令，即淳厚谨慎，遵守法令。所交的朋友都讲仁义，淳厚谨慎，遵守法令，那么他的家就会一天天富足，自身一天天安宁，名声一天天荣耀，所处的官务也会治理得当了。

▲ 无迁令，无劝成，过度益也。迁令劝成殆事，美成在久，恶成不及改，可不慎与。——《庄子》

不要随意更改已下达的命令。不要强人所难地去做力不从心的事。言语过头一定是多余、添加的。随意改变成命或者勉强别人都是危险的，成就一桩好事要经历很久的时间，可坏事一旦做出来，悔改就已经来不及了。

▲ 人莫鉴于流水，而鉴于止水，唯止能止众止。——《庄子》

人的心理状况永远像一股流水一样，自己的心被杂念所缠绕而不能停止，永远不能认识自己，要认识自己，必须把心中的杂念、妄想静止，才可以明心见性。

▲ 举世而誉之而不加劝，举世而非之而不力加沮，定乎内外之分，辩乎荣辱之境。——《庄子》

全天下的人都称赞他、恭维他，他也不会更加得意；全天下的人都诽谤他、诬蔑他，他也不会更沮丧。因为，他能认清自我和外在的分量，能辨明荣辱的界限。

▲ 吾生也有涯，而知也无涯。——《庄子》

人的生命是有限的，而知识是无穷的。

▲ 无以人灭天，无以故灭命，无以得殉名。谨守而勿失，是谓反其真。——《庄子》

不要用人为去毁灭天然，不要用造作去毁灭性命，不要因贪得去求名声。谨守此道，就能恢复真性。

▲ 吾日三省吾身，为人谋而不忠乎？与朋友交而不信乎？传不习乎？——《论语》

我每天多次反省自己，为别人办事是不是尽心竭力了呢？跟朋友交往，是不是做到诚实可信了呢？老师传授的知识，是不是复习了呢？

▲ 用师者王，用友者霸，用徒者亡。——《论语》

能尊奉真正的贤能之人为老师，就能成就大业，如周文王、周武王尊奉姜子牙为老师，齐桓公尊管仲为师，燕昭王尊郭隗为师，都成就了大业。能对属下像兄弟姐妹一样，如刘邦用萧何、韩信、张良等，苻坚用王猛，刘备用诸葛亮，就能成功。如专用言听计从、唯唯诺诺、溜须拍马之人，那就必然会失败。

▲ 福莫大无祸，利莫美不丧。——《淮南子》

幸福最大莫过于没有灾祸，利益最大莫过于没有丢失。

▲ 心欲小而志欲大，智欲圆而行欲方。——《淮南子》

人应该谨小慎微，但志向却应该远大宏伟，聪明智慧应该能够认识和通畅万物，个人的行为应该方正端直。

▲ 故怨人不如自怨，求诸人不如求诸己得也。——《淮南子》

事情出了差错埋怨别人不如埋怨自己，从别人身上找原因，不如从自己身上找原因。

▲ 义者，不毁人以自益。——《新序·杂事三》

品德正直的人绝不会以诋毁别人而抬高自己。

▲ 誉人不增其美，毁人不益其恶。——《论衡·艺增》

说别人好，不能把不好的也说成好的，说别人不好，也不能把好的也说成不好的。

▲ 人必其自爱也，而后人爱之，人必其自敬也，而后人敬之。

——《法言·君子》

人必须自爱，然后别人才爱他，人要自己敬重自己，然后别人才敬重他。

▲ 无德而富贵，谓之不辜。——《汉书》

没有德行教养而处在优裕的环境和处在很高的地位，应该讲，这是很不幸的事情。

▲ 人咸知饰其面，而莫修其心。——《女诫》

许多人都知道修饰自己的容貌，却不知道修养自己的思想品德。

▲ 以信待人，不信思信；不信待人，信思不信。

——《傅子义信》

以诚信态度对待人，即使有缺点，不守信用的人也会变得守信；

以欺诈态度对待人，即使是信用好的人也会变得寡信。

▲ 怒不变容，喜不失常，故是最为难。——《三国志》

愤怒和激动的时候能保持从容镇静，兴奋之时能不失分寸，这是很难做到的事。

▲ 如不知足，则失所欲。——《三国志》

如果贪得无厌，就要丧失他所希望得到的。

▲ 受人者，常畏人，与人者，常骄人。——《孔子家语》

接受馈赠的人，常常腰杆挺不直，给予别人赐予的人，则常常盛气凌人。

▲ 勿以己才而笑不才。——《晋书》

不要用自己的长处去笑别人的短处。

▲ 毁人者自毁之誉人者，自誉之。——《鹿门隐书六十篇》

背后说别人坏话的人，等于是说自己的坏话，赞扬别人长处的人，等于是在赞扬自己。

▲ 不修其身，虽君子而为小人。——《答李诩第二书》

不注意自身的修养，即使是君子也会变成小人。

▲ 人之为善，百善而不足。人之不为善，一不善而足。

——《庸言》

人有心做好事，做一百件都觉得不多，如人有心做坏事，做一件都将不算少。

▲ 为人但知足，何处不安身？——《西域河中府十咏》

为人处世只要知道满足，还有什么地方，不能平平安安地度过一生呢？

▲ 人生难将老来安。——《和东泉翁山中杂咏》

人的一生最难得到是能有一个生活安定平静的晚年。

▲ 大丈夫当容人，勿为人所容。——《玉堂嘉话》

有作为的人应能谅解和宽容别人，但不应让别人宽容自己。

▲ 量小非君子，德高乃丈夫。——《名贤集》

器量狭小不是有德行的人，道德高尚才是大丈夫。

▲ 积善有善报，积恶有恶报。——《名贤集》

多作好事就有好的报答，坏事做多了肯定就会有坏的报应。

▲ 酒中不语真君子，财上分明大丈夫。——《增广贤文》

酒喝醉了能不乱说话是真正的君子，在钱财上清清楚楚是大丈夫。

▲ 善欲人见，不是真善；恶恐人知，便是大恶。——《治家格言》

做了好事总想叫别人看见，不是真心实意做好事，犯了错误总害怕别人知道，便是大错误。

▲ 勿贪意外之财，勿饮过量之酒。——《治家格言》

不要贪图不应该得到的财物，不要狂饮超过限量的酒。

▲ 身无道德，虽吐词为经，不可以信。——《默觚》

自身缺少德行，虽说话都是引经据典，但不会为人们所相信。

▲ 君子以道为乐，则但见欲之苦焉；小人以欲为乐，则但见道之苦焉。——《默觚》

君子把道义当作快乐，只要见到贪欲就以为是苦事；小人把贪欲当作快乐，只要见到道义就以为是苦事。

▲ 道人善，即是善，扬人恶，即是恶。——《弟子规》

称赞别人好的，自己也就好，宣扬别人的错误，就是自己的错误。

▲ 人有喜庆，不可生妒忌心；人有祸患，不可生喜幸心。

——《治家格言》

别人有喜庆之事，不可以生妒忌的心理，别人有灾祸危难的事，不可以产生幸灾乐祸的心理。

▲ 不患其不富，患其亡厌。——《汉书》

不应该忧虑自己不富足，而应该忧虑自己那种满足不了的贪欲。

▲ 居上位而不骄，在下位而不忧。——《易经》

身居高位、担任要职而不骄矜自傲，未被重用而地位低下也不要悲观失望。

▲ 生有益于人，死不害于人。——《礼记》

活着应有益于别人，死了也不要有害于活着的人。

▲ 士可杀不可辱。——《礼记》

君子在生死抉择之时可以选择死亡，但不接受屈辱。

▲ 身可危也，而志不可夺也。——《礼记》

当生命受到威胁之时，志向和原则不能动摇和改变，要坚持下去。

▲ 豹死留皮，人死留名。——《新五代史》

豹子死了皮毛仍长存世上，人虽死了名字也应该留传后世。

▲ 富贵一月，名节千古。——张廷玉

富贵荣华只不过是过眼烟云，名声气节才是流传千古的大业。

▲ 善则称人，过则称己，则民不争。——《礼记》

有优点和成绩就归功于别人，有缺点和错误就自己主动承担，这样百姓就会彼此间谦让相待。

▲ 圣人千虑，必有一失。愚人千虑，必有一得。

——《晏子春秋》

即便是大智大慧的人，考虑很多次也难免有一次失误；即使是迟钝笨拙的人考虑很多次，总会有正确的时候。

▲ 让礼一寸，得礼一尺。——《太平御览》

礼貌谦虚地让人一寸，他就会得到别人一尺的回报。

▲ 不敬他人，是自不敬也。——《旧唐书》

不尊敬别人，等于是不尊敬自己。

▲ 无稽之言勿听，弗询之谋勿庸。——《尚书》

没有查考过的话不要听，没有经过充分磋商的主意不要采用。

▲ 莫论他人过，只寻自己病。——《浑成集》

不要议论他人的过错是非，只要认认真真地检查自己的过错是非就好了。

▲ 贤者任重而行恭，知者功大而辞顺。——《战国策》

贤德的人责任重大，但行为恭谨，聪明的人虽功劳卓著，却言辞和顺。

▲ 病从口入，祸从口出。——傅立

疾病多是饮食不慎所造成的，灾祸多是语言不慎所造成的。

▲ 福来有由，祸来有渐，渐生不忧，将不可悔。——《三国志》

好运气的到来大都有一定的原因，灾祸的降临多是从萌芽开始的，祸乱的萌芽出现了，如果不加警惕，后悔就来不及了。

▲ 知足者常足，不知足者无足。——《抱朴子》

知道满足的人，就会觉得自己经常是满足的；不知道满足的人，永远不可能有满足的时候。

▲ 节酒慎言，喜怒必思。——房玄龄

节制饮酒，谨慎言谈，当你高兴或发怒的时候，要理智地想一想是否恰当。

▲ 劳则思，思则善心生。逸则淫，淫则忘善，则恶心生。

——《国语》

有劳动的体验，就会想到节俭，想到节俭就会产生善心。贪图享乐就会导致淫乱，而淫乱就会抛弃好的念头，坏的念头也就应运而生。

▲ 君子之交淡若水，小人之交甘若醴。君子淡以亲，小人甘以绝，彼无故以合者，则无故以离。——《庄子》

君子之间的交往像水一样恬淡清澈，小人之间的交往表面上像甜酒一样甘美。君子之间的关系表面恬淡，但内心十分接近。小人之间的关系虽然表面热情，却很快就会决裂。大凡无缘无故而接近相合的，那么也会无缘无故地断绝关系。

▲ 以财交者，财尽而交绝；以色交者，华落而爱渝。

——《战国策》

因为钱财而结交的关系，钱财没有了交情也就断绝了；因为美色而结交的关系，容颜衰老了感情也就改变了。

▲ 以权利合者，权利尽而交疏。——《史记》

因为权力和利益抱成一团的人，一旦权力和利益不存在了，交情就会疏远。

▲ 君子先择而后交，小人先交而后择。——《中说》

君子交朋友先了解、选择，然后才与他们交往；小人则是一见便以朋友相交，然后才去了解。

▲ 爱之则不觉其过，恶之则不知其善。——《后汉书》

喜欢一个人就看不见他的缺点和错误，讨厌一个人即使是他的优点也会熟视无睹。

▲ 画虎画皮难画骨，知人知面不知心。——《魔合罗》

画老虎画皮毛容易，画出内部骨骼就困难了；认识人，认识他的外貌容易，但认识人的内心就困难了。

▲ 路遥知马力，日久见人心。——《争报恩》

路程遥远才能考验出马的脚力是否持久，时间长了才能观察到一个人真实的内心。

▲ 来说是非者，便是是非人。——《名贤集》

前来说人长说人短的人，他就是搬弄是非的人。

▲ 天地之道，极则反，满则损。——《说苑》

天地间一切事物的规律，是事物发展到了极点，就会向相反方向转化，圆满之后就要亏损。

▲ 乐极则哀集，至盈则必亏。——《抱朴子》

欢乐到了极点，悲哀就开始降临；事物发展到了最充实的时候，就要走向亏损。

▲ 天道福善祸淫。——《尚书》

生活的客观规律是做好事的人有好结果，干坏事的人会招致灾祸。

▲ 是非终日有，不听自然无。——《张协状元》

说长论短的是非一天到晚都有，不去理睬就自然没有了。

▲ 善恶到头终有报，只争来早与来迟。——《荐福碑》

一个人做了好事或坏事，到头来都会有相应的报应，其差别是时间的早晚而已。

▲ 善疑人者，人亦疑之；善防人者，人亦防之。——《郁离子》

喜欢猜疑他人的人，别人也同样不相信他；喜欢事事戒备他人的人，别人也会同样时时戒备他。

▲ 邪与正相仿，欲与性相害。——《淮南子》

正与邪相生相克，欲望越多，尤其是贪欲越多，人性就越复杂。

▲ 君子行正气，小人行邪气。——《淮南子》

有德行的人身上有一股正气，没有德行的人身上没有正气只有邪气。

▲ 忍得一时之气，免得百日之忧。——《增广贤文》

忍受住一时的气恼，就可以避免百日的忧愁。

▲ 事不三思总有败，人能百忍自无忧。——《醒世恒言》

办事情时，如果不再三考虑，最终会导致失败，做人如果能多多容忍，自然就没有忧愁。

▲ 忍人所不能忍，行人所不能行，容人所不能容，处人所不能处。

忍受别人所不能忍受的事情，办别人所不能办到的事情，容纳别人所不能容纳的事情，相处别人所不能相处的人。

▲ 好学近乎知，力行近乎仁，知耻近乎勇。——《礼记》

喜欢学习的人，离聪明就很近了；努力做事的人，离仁就不远了；知道耻辱的人，离勇敢也就不远了。

▲ 人而无仪，不死何为？——《诗经》

人如果丧失了礼仪，就和死去了一样。

▲ 善不积不足以成名，恶不积不足以灭身。小人以小善为无益而弗为也，以小恶为无伤而弗去也，故恶积而不可掩，罪大而不可解。——《易经》

要成为一个声誉卓著的人，就得做大量善事，一个落得自我毁灭的人，是因为长期干坏事。品德不好的人认为，小的好事对自己没有好处而不去做，认为小的坏事对自己没有多大的损害而不去改正，所以坏事做多了就无法逃避罪责，罪恶大了也就无法得到宽恕。

▲ 是非只因多开口，烦恼皆因强出口。

是非争端多是因为口舌引起的，烦恼多是因为与人争强好胜所致。

▲ 良言一句三冬暖，恶语伤人六月寒。

听到良言，即便是一句，也会让人在寒冬时感到温暖。如果用恶语来伤害别人，就会让人在酷暑也感到寒冷。

▲ 正己化人。——《太上感应篇》

做人首先要端正自己的品德，为世人树立良好的榜样，然后才能去感化教育他人。

▲ 立心果正，虽才短，于事无误。若立心不正，虽有才能，亦何补益？——康熙

人心一定要正，虽才能差一些，但做事不会有大的差误；假如人心不正，虽有才能，但也对做事无所补益。

▲ 勿以恶小而为之，勿以善小而不为。惟贤惟德，能服于人。

——《敕后主刘禅诏》

不要认为自己干的事是件小坏事就可以去做，也不要认为自己干的事是一件不值一提的好事就不去做，做事只要凭良心、凭道德，就能服人。

▲ 穷则变，变则通，通则久。——《易经》

在陷入困境时要努力寻求变化，只有变化了，才能通达，只有通达，才能持久。

▲ 争千秋，不争一时。

人际交往要有大眼光、大胸怀，一时的让步，是为了赢取一世的成功。

▲ 有志者事竟成。——《后汉书》

有志气的人只要坚持不懈，事情终究会成功。

▲ 少壮不努力，老大徒伤悲。——《乐府诗集·长歌行》

年轻力壮的时候不奋发图强，到了一头白发的时候，悲伤难过

也是徒劳。

▲ 勤有功，戏无益，戒之哉，宜勉力。——《三字经》

珍惜大好时光，持之以恒地读书学习，那么你就会得到丰厚的收获，你的学识就会增加。而只顾贪玩，浪费了大好时光是一定要后悔的。

▲ 过而能改，善莫大焉。——《左传》

犯了错误而能及时改正，没有比这更好的事了，这也是一种值得赞赏的品德。

▲ 当机立断，不受其乱。——曾国藩

做事遇到机会，要立即抓住机会，如果让机会失之交臂，则会给自己带来麻烦。

▲ 不入虎穴，焉得虎子。——《后汉书》

比喻不冒危险，就不能成事。今也用来比喻不经历艰苦的实践，就不能取得真知。

▲ 来而不往非礼也。——《礼记》

对别人给予自己的善意，应当作出友好的反应，否则是不合乎礼节的。

▲ 闻道有先后，术业有专攻。——《师说》

每个人知道道理有先有后，每个人也都有自己擅长的事情。

▲ 满招损，谦受益。——《尚书》

满足已取得的成绩，将会招来损失和灾害，谦逊并时时察觉自己的不足，就能因此而得益。

▲ 雄辩是银，沉默是金。——托马斯·卡莱尔

祸从口出，保持沉默才是最好的保护自己的方法，沉默并不是永远保持沉默，而是要不断地积累，储藏能量，等到合适的机会爆发

出来，这样积蓄的力量是不可抵挡的。

▲ 不说自己好，不道他人短。

不宣扬自己的好处，不评论挖苦别人的短处。

▲ 祈福莫如惜福，悔过莫如寡过。

祈求福分不如珍惜福分，后悔所犯错误不如少犯错误。

▲ 宁忍智毁骂，不用愚称赞。

宁可忍受有智慧之人的毁骂，也不用愚蠢之人来称赞。

▲ 人不求福，斯无祸；人不求利，斯无害。

如果一个人不去盲目追求幸福与利益，就不会有灾害发生。深层意思是说，祸与福，利与害，都是对立统一的关系，它们常常会依据一定的条件向相反方向转化。

▲ 欺人是祸，饶人是福。

欺负别人是祸事，因为以后别人也可能欺负你。饶恕别人是好事，因为以后别人在你犯错时也会饶恕你。

▲ 心慈者，寿必长。心刻者，寿必促。

心善者，天地共育，是顺取精华，寿必然增长。心恶者，乃是逆天而行，与万物相冲，寿必然短促。

▲ 忘功不忘过，忘怨不忘恩。——《菜根谭》

功劳可以忘记，但过错却不可以忘记；对人的怨恨可以忘记，但别人的恩德却不可以忘记。

▲ 人之相交，贵在交心，人之相知，贵在知心。

人与人的交往，最可贵的是了解对方的内心世界，最重要的是了解他的心性、品德。

▲ 不因言废人，亦不因人废言。——《元史》

君子不应仅仅根据某些言语而否定整个人，更不应因为厌恶这个人，而不能接受他好的谏言。

▲ 毋偏信自任，毋自满嫉人。——《菜根谭》

一个人不要误信他人的片面之词，以免被一些奸诈之徒所欺骗，也不要过分信任自己的才干，以免受到一时意气的驱使，更不要仗恃自己的长处去宣扬人家的短处，尤其不要因为自己笨拙，就嫉妒他人的聪明。

▲ 忍百忍者，百福之源。

忍耐是多福的根源。

▲ 物必先腐而后虫生。——《范增论》

东西总是自身先腐烂，然后虫子才可以寄生。比喻自己先有弱点而后为外物所侵害。

▲ 忍一时风平浪静，退一步海阔天空。——《增广贤文》

能够做到容忍，就能避免与人相争相斗；能够做到退让，就能给自己留出更大的空间。

▲ 好说己长便是短，自知己短便是长。——申居郧

一个人喜欢炫耀自己的长处，这本身就是缺点，知道自己有短处，这本身就是优点。要谦虚，要有自知之明。

▲ 有过则改之，未萌则戒之。——《警世通言》

有了过错就要改正，错误还没有萌芽就要警惕。这两句不仅告诫人们要及时改正已经发生的错误，而且告诫人们要防患于未然，警惕那些可能发生的错误。

▲ 夫孝，天之经也，地之义也，民之行也。——《孝经》

人尽孝是天经地义的事情，是人最基本的品行。

▲ 念高危，惧满盈，忧懈怠。——魏徵

人要时刻有忧患意识，要警惕自满自大，要防止做事懈怠懒散。

▲ 为政者，不难于始，而难于克终也。——张养浩

做事开始时容易做到满腔热情、干劲十足，但难的是不能将这种热情和干劲保持到最后。

▲ 人生自古谁无死？留取丹心照汗青。——《过零丁洋》

自古到今没有一个人能不死，但死的方式不一样，有些人生前凭自己的良知做事，死后会被记载在史册上。

▲ 读书有三到，谓心到、眼到、口到。——《训学斋规》

读书要有诀窍，就是用心去读书，用眼去盯书，用口去诵书，方能将书读得烂熟于胸。

▲ 一日无书，百事荒芜。——《三国志》

如果一个人一天不学习，不读书，那么做事就会失去方向，没有章程。

▲ 若多少有闻，自大以骄人，是如盲执烛，照彼不自明。

——《法句经》

一个人如果有些学问，就自高自大，不可一世，好像一个盲人拿着蜡烛，只能照亮别人，却照亮不了自己。所以，太看重自己，就看不清自己。

▲ 为一身谋则愚，而为天下谋则智。——《审敌》

光为自己谋利益的人是愚蠢的人，为天下人谋利益的人才是最聪明最高尚的人。

▲ 小忍便无事，力行方有功。——陆游

能忍耐便没有麻烦，能身体力行才能做成事。

▲ 近朱者赤，近墨者黑。——《太子少傅箴》

一个人长时间与好人做朋友，自己就不会有错误，自然就学好了；一个人如长时间与坏人打交道，那么就很容易走上歪门邪道。

▲ 寡思虑以养神，寡嗜欲以养精，寡言语以养气。——曾国藩

人应该有思想，但是忧虑过重会让人耿耿于怀，产生妄想，因此少思虑，少妄想，才会对身心有益。世间人都有欲，当利欲熏心过了头，就将欲火焚身，所以少贪欲才能立得正，有精神。人在世间语言不可缺少，也是最方便的沟通方式，但该说的话要说，不该说的话要节制，这样才不会伤元气，少是非。

▲ 海纳百川，有容乃大；壁立千仞，无欲则刚。——林则徐

大海之所以能容纳众多的河流，是因为容量大；高山之所以能直立千丈，是因为没有世俗的欲望。

▲ 夫学，莫先于立志。志之不立，犹不种其根，而徒事培壅灌溉，劳苦无成矣。——王阳明

人要学习有成，做事有成，首要的是立志，否则就好像庄稼没有根，不管你如何培土灌溉，最后还是劳而无功。

▲ 立志若坚，反难为易。

人的志向如果坚定，即便是很难解决的事，也会变得容易解决。

▲ 志高品高，志下品下。——《传家宝全集》

人生在世立志是第一要事，志向越高，人的品行就越好，如果人的志向低下，则人的品行也低下。

▲ 贫贱之交不可忘，糟糠之妻不下堂。——《后汉书》

在穷困时结交的朋友，什么时候都不能忘记。第一个娶进家里的妻子，一定要和睦相处，白头偕老。

▲ 谦者，众善之基；傲者，众恶之魁。——《传习录》

谦虚谨慎，是各种善事的基础；傲慢无礼，仗势欺人，是各种恶事的根源。

▲ 良药苦口利于病，忠言逆耳利于行。——《增广贤文》

有疗效的药，虽然吃下去很苦，但对治病很有好处。劝告人的忠言，虽然听起来很不中听，但对规范人的行为非常有益。

▲ 在人之上，以人为人，在人之下，以己为人。

——《万历十五年》

位居他人之上，要以他人为尊。位居他人之下，要以自己为尊，不要自卑。

▲ 受辱不怨，受宠若惊。——《太上感应篇》

无缘无故受人羞辱，或者是因为自己德行有亏，或者是因为对方无知而误会，所以内心要保持平静，不要心生怨恨。若受到别人的爱戴和赞扬，应当心中有所惊惧，愧不敢当。

▲ 格物穷理。——朱熹

要认识世界上的各种事物，要掌握客观世界和各种事物的发展规律。

▲ 施恩不求报，与人不追悔。——《太上感应篇》

如果有能力帮助别人解除痛苦，或成就别人获得幸福，应该认为这是自己分内的事情，所以不希望别人有所报答。已经给予别人的好处，本是出于自愿，所以，过后心里决不能懊悔。

▲ 推多取少。——《太上感应篇》

大家都想得到的东西，不妨先让别人多拿一些，自己少取一些也没关系。

▲ 遏恶扬善。——《太上感应篇》

见别人做恶事时，应及时阻止。见别人做善事时，应多给予鼓励和赞扬。

▲ 不彰人短，不炫己长。——《太上感应篇》

不可以宣扬他人的缺点和短处，更不可以向人夸耀自己的优点和长处。

▲ 穷且益坚，不坠青云之志。——《滕王阁序》

人虽陷入困境，但意志要坚定，这样就不会失去为之奋斗的志向。

▲ 见人之得，如己之得。见人之失，如己之失。

——《太上感应篇》

看到他人得到好处，如同自己得到好处一样，替他欢喜。看到他人失意落难，一样为他感到难过。

▲ 济人之急，救人之危。——《太上感应篇》

见人有急事，不胜焦虑，应及时伸出援手。见人有苦难，不胜苦恼，应尽力给予帮助。

▲ 宜悯人之心 ，乐人之善。——《太上感应篇》

若见凶恶的人，应怜悯他的无知 ，当婉言劝导，使之改恶从善，以免招来灾祸。若见行善的人，应该鼓励他，同生向善之心。

▲ 昆虫草木，尤不可伤。——《太上感应篇》

昆虫虽然微小，草木虽属无情，同是生命，都值得尊重，不能随意加以伤害。

▲ 矜孤恤寡，敬老怀幼。——《太上感应篇》

遇见孤儿、寡妇等无所依靠的人，要怜悯同情他们，时常给予周济，要尊敬老人，要爱护儿童。

▲ 忠孝友悌。——《太上感应篇》

待人要忠诚，尽心尽力地做好自己分内的事，对父母要尽孝，对同辈的兄弟姐妹要友爱，对长辈及兄长要敬重。

▲ 慈心于物。——《太上感应篇》

人要心存仁慈之心，爱护众生，如矿山、河流、树木、花草、人和动物等。

▲ 积德累功。——《太上感应篇》

要不断修养自己的德行，多做善事，积累功德。

▲ 不履邪径，不欺暗室。——《太上感应篇》

为人处世，要光明磊落，不可昧着良心走向邪路，也不可到邪恶害人的地方，即使处在他人看不见、听不着的地方，也不可以做欺心昧理的事。

▲ 是道则进，非道则退。——《太上感应篇》

我们每做一件事都应事先想一想，如果此事顺天理、合人心、符合道德规范，就要勇往直前地去做；如果是逆天害理、不符合道德规范的事，就要赶快退开，不要去做。

▲ 高山仰止，景行行止。——《诗经》

品德高尚、行为光明正大的人，人们会效仿他。

▲ 意莫高于爱民，行莫厚于乐民。——《晏子春秋》

人的最高思想境界是爱护众人，人的最好行为莫过于让众人高兴。

▲ 凡事预则立，不预则废。——《中庸》

世上诸事，事先有准备，才能办好，否则事情就会办不好，徒费心，追悔莫及。

▲ 书犹药也，善读之可以医愚。——刘向

读书就像吃药，书读得好，就能医治人的愚昧无知。

▲ 无善无恶心之体，有善有恶意之动，知善知恶是良知，为善去恶是格物。——王阳明

心中没有善念和恶念是心的本原，心中有了善念和恶念是心的变化，知道善也知道恶是心的清醒，做善事不做恶事是心的纯净。

▲ 以忠沽名者讦，以信沽名者诈，以廉沽名者贪，以洁沽名者

污。忠信廉洁，立身之本，非钓名之具也。有一于此，乡原之徒，又何足取哉？——林逋

有的人以忠孝来沽名，这样的人实则是攻讦之人，有的人以诚信来沽名，这样的人实则是狡诈之人，有的人以清廉来沽名，这样的人实则是贪婪之人，有的人以洁净来沽名，这样的人实则是肮脏之人。忠信廉洁，是人的立身之本，绝不可作为沽名钓誉的工具。如果奸诈贪污任占其一，这样的人就是伪君子，就不足挂齿。

▲ 山不厌高，海不厌深。——曹操

山不嫌其高，海不嫌其深。比喻品行越高尚越好。

▲ 此身常放在闲处，荣辱得失，谁能差遣我？此心常安在静中，是非利害，谁能瞒昧我？——《菜根谭》

自己乐意处在安闲的环境中，世间所有的荣华富贵和成败得失都无法左右我，自己的身心经常处在安宁的状态，世间的功名利禄和是是非非就不能欺骗蒙蔽我。

▲ 弗过防之，从或戕之。凶。——《周易》

不要过度地防备，盲从或许会把人害死，凶险。

▲ 夫民者，万世之本也，不可欺。——《治安策》

老百姓是千秋万世的根本，要爱护他们而不能欺凌他们。

▲ 仁义不施，而攻守之势异也。——《过秦论》

如果施仁义，天下可保安定。如果不施仁义，天下就不可能保全。

▲ 道者，所以明德也。德者，所以尊道也。是以非德道不尊，非道德不明。——《大戴礼记》

道是用来彰显德行的，德行是用来尊崇道义的。所以，少了德行，道义就不会被尊崇；少了道义，德行就不能彰显。

▲ 天地间，至尊者道，至贵者德，而已矣。——周敦颐

在天地之间，最好的人是走正道的人，最可贵的人是有道德的人。

▲ 持身务以敬诚为本，治天下以宽人为尚。

干事业要有敬畏心和诚实心，这是做事的根本，治理国家也要崇尚宽容和仁爱。

▲ 德，国之基也。——《左传》

立德树人，是国家的基础。

▲ 功莫大于去恶而好善，罪莫大于去善而为恶。——贾谊

功德没有比去除恶行而做善事大的，罪过没有比去除善行而做恶事大的。

▲ 树高者鸟宿之，德厚者士趋之。——刘向

树长得高，鸟儿都喜欢在树上面筑巢栖息。有道德的人，人们都喜欢亲近他。

▲ 士不可以不弘毅，任重而道远。仁以为己任，不亦重乎？死而后已，不亦远乎？——《论语》

读书人不能没有远大的志向与刚毅的性格，因为只有这样，才能长久地承担重任。把实行仁道作为自己的责任，这个担子很沉重，到死才会停下脚步。

▲ 天下皆知取之为取，而莫知与之为取。——《后汉书》

天下人只知道取就是取，而不晓得给也是取的道理。

▲ 有德者皆由俭来。夫俭则寡欲，君子寡欲，则不役于物，可以直道而行。——《训俭示康》

有德行的人大都是从节俭开始，因为节俭所以欲望就少，欲望少了，就不会受物质利益影响，可以循正道而行。

▲ 士当以器识为先。——《宋史》

读书人应当把气度和见识放在首位，气度和见识决定着一个人

成就的大小，甚至事业的成败。

▲ 弱小者，要教之以刚强；强大者，要辅之以变通。

——刘伯温

弱小的人，要教会他如何变得刚强；强大的人，要引导他不要恃强，要懂得变通。

▲ 士人不当以世事分读书，当以读书通世事。——《小窗幽记》

读书人不应该因为世间的一些事情而使读书分心，而应当通过读书来明白世间之事。

▲ 岂能尽如人意，但求无愧我心。

人的一生中不可能事事如意，但自己所做的事，要无愧于自己的心。

▲ 悟已往之不谏，知来者之可追，实迷途其未远，觉今是而昨非。——《归去来兮辞》

有过不改不悟，是大过。如果能记取教训，记取伤疤，才会少犯错误或不犯错误。

▲ 相识满天下，知心能几人。——《警世通言》

相识之人很多，但知心的朋友很少。

▲ 太上有立德，其次有立功，其次有立言，虽久不废，此之谓不朽。——《左传》

人生最高的目标是树立德行，其次是建功立业，再次是著书立说。做到这三点，人虽死了，但永远不会被忘记，这就叫不朽。

▲ 不乱财，手香。不淫色，体香。不诳讼，口香。不嫉害，心香。

——汤显祖

不采取不正当手段谋取钱财，手是干净的；不做淫乱之事，身体是干净的；不胡言乱语攻讦别人，嘴是干净的；不妒忌别人，心是干净的。

▲ 读书之法，在循序而渐进，熟读而精思。——朱熹

读书要逐渐深入，不可急躁，要多读，边读边思考。

▲ 读书之法无他，唯是笃志虚心，反复详玩，为有功耳。

——朱熹

读书的方法没有其他途径，只有专心致志，虚心好学，反复学习，才能有成绩。

▲ 读书切戒在慌忙，涵泳工夫兴味长。未晓不妨权放过，切身须要急思量。——陆九渊

读书一定要戒忙、慌张，要细心体会、推敲，反复品读。

▲ 为人要学大，莫学小，志气一卑污了，品格难乎其高。持家要学小，莫学大，门面一弄阔了，后来难乎其继。——《增广贤文》

为人要大气，不要小气，做人的志气一旦卑污了，人的品格就难以优秀。但过日子要从小处着眼、着手，不可大手大脚，一旦家的门面大了，日子就很难安安稳稳地过下去。

▲ 德者事业之基，未有基不固而栋宇坚久者；心者修行之根，未有根不植而枝叶荣茂者。——《菜根谭》

高尚的品德是一切事业的基础，这就如同修建高楼大厦一般，假如不事先把地基打得很稳固，就绝对不能修建既坚固又耐用的房屋。善良的心地是修行的根本，就像没有根的植物不能长得茂盛一样。毋庸置疑，道德是立身之本，也是立国之基。

▲ 人只一念贪私，便销刚为柔，塞智为昏，变恩为惨，染洁为污，坏了一生人品。故古人以不贪为宝，所以度越一世。

——《菜根谭》

人只要一有贪欲私心，就会由刚直变为懦弱，由聪明变为昏庸，

由慈善变为残忍，由高洁变为污浊，结果败坏了一生的品格。

▲ 自天子以至于庶人，未有无所畏惧而不亡者也。上畏天，下畏民，畏言官于一时，畏史官于后世。畏则不敢肆而德以成，无畏则从其所欲而及于祸。——《菜根谭》

一个人只有心存畏惧，才能变得理智、谦和及客观，才不会无所顾忌，肆意妄为。

▲ 藜口苋肠者，多冰清玉洁；衮衣玉食者，甘婢膝奴颜。盖志以淡泊明，而节从肥甘丧矣。——《菜根谭》

能享受粗茶淡饭的人，大多具有冰清玉洁的品格；而追求衣着华丽、饮食奢侈的人，往往甘心卑躬屈膝。所以，一个人的志气可以从淡泊名利中体现出来，而一个人的节操也可以从贪图享乐中丧失。

▲ 安分以养福，宽胃以养气，省费以养财。以饥方食，未绝先止。——苏轼

做人要安分，不做出格的事，就有福气。吃饭要适量，不要暴饮暴食，就能舒气。生活节俭，不挥霍浪费，就能聚财。人饿了才吃，事情在未做绝时就停止，这都是静心养身之举。

▲ 道自微而生，祸自微而成。——《太公金匮》

大道是由小事总结而来的，大祸是由小错积累而成的。

▲ 不虑于微，始成大患；不防于小，终亏在德。

——《读通鉴论》

不考虑小的细节，最终会成为大的隐患；不防止小的过失，最终会使道德丧失。

▲ 非学无以广才，非志无以成学。——《诫子书》

如果不学习，就不会增长才干；如果没有志向，就不能成就学业。

▲ 今人病痛，大抵只是傲，千罪百恶，皆从傲上来。傲则自高自

是，不肯屈下人。故为子而傲必不能孝，为弟而傲必不能悌，为臣而傲必不能忠。——王阳明

现在人的心病，多由傲慢而引起，许多罪恶，也都由傲慢而引发。人一旦傲慢，就容易自以为是、自高自大，瞧不起别人。傲慢的人，作为子女，则会对父母不孝，作为兄弟，则会对兄弟不友爱，作为臣子，则会对国家缺乏忠心。

▲ 面前的田地要放得宽，使人无不平之叹；身后的惠泽要流得久，使人有不匮之思。——《菜根谭》

你待人处事的心胸要宽厚，才会使你身边的人无牢骚可发；你死后留给子孙和后人的恩泽要流得长远，才会使子孙和后人对你有不断的思念。

▲ 与人不求备，检身若不及。——《尚书》

对别人不要求全责备，检查自己的时候，也许还不如别人。

▲ 闻过则喜，知过不讳，改过不惮。——《与傅全美书》

听到别人说自己有错应当高兴，知道自己的过失应当不避讳，改正自己的过错应当毫不害怕。

▲ 得意时能淡然坦荡，失意时亦能泰然处之。

一个人在春风得意的时候如能淡然面对，落魄的时候也不会太沮丧，能够镇定乐观。

▲ 惟俭可以助廉，惟恕可以成德。——《宋史》

只有节俭可以使人廉洁奉公，只有宽容可以使人养成好的品德。

▲ 失意事来，治之以忍，方不为失意所苦。快心事来，处之以淡，方不为快心所惑。——曾国藩

当遇到不顺心的事，要懂得忍耐和自制，这样才不会因为失意而痛苦。当遇到高兴的事，不能得意忘形，要淡然处之，这样才不会

高兴过头。

▲ 塞翁失马，焉知非福。——《淮南子》

边塞的老人丢了马，怎么知道不是好事呢？比喻一时虽然受到损失，也许反而因此能得到好处。也指坏事在一定条件下可变为好事。它说明人世间的好事与坏事都不是绝对的，在一定的条件下，坏事可以引出好的结果，好事也可能引出坏的结果。

▲ 大凡人不可恃，有所恃，必败于所恃。

基本上来说人不可以有所仗恃，如果有所仗恃的话，最终肯定会在自己所仗恃的方面失败。

▲ 过而能改，善莫大焉。——《左传》

牢记别人给予自己的恩惠，在有能力的时候尽力报答，没有比这样的行动更大的善良了。

▲ 富莫富于蓄道德，贫莫贫于未闻道，几经琢磨成大器，平步青云日中天。

最富裕的莫过于拥有道德，最贫穷的莫过于不懂道理，经过反复磨炼终成大器，这才可以平步青云如日中天。

▲ 少欲最安乐，知足大富贵。

减少欲望是最大的快乐，内心知足是最大的财富。

▲ 恶事向自己，好事与别人。

不好的事情让自己去承担，好的事情让给别人去做。

▲ 大怒不怒，大喜不喜，大悲不悲，可以养心。

遇到使人暴怒的事情，要克制自己不要暴怒；遇到让人十分悲伤的事情，要尽量克制自己不要过分悲伤；遇到让人十分高兴的事，不要过分高兴而忘乎所以，只有这样才能修身养性。

▲ 情忧不在多，一夕能白头。

忧虑不在多少,如果不能化解,一个夜晚就能使人头发变白。

▲ 不责人小过,不发人隐私,不念人旧恶,三者可以养德。

——《菜根谭》

不指责别人的小过错,不揭发别人的隐私,不计较别人以前犯过的错,这样可以修养品德。

▲ 不贵于无过,而贵于能改过。

人的可贵之处不在于没有过错,而在于知错必改。

▲ 富以能施为德,贫以无求为德,贵以下人为德,贱以忘势为德。

富有的人以能够施舍于人为德,贫穷的人以不求享有为德,高贵的人以处在比他人低下的位置为德,卑贱的人以自尊自立为德。

▲ 有福莫享尽,福尽身贫穷;有势莫使尽,势尽冤相逢。福兮常自惜,势兮常自恭。人生骄与奢,有始多无终。

有了福不要享尽,有了权势不要用尽,享尽福以后就会贫穷,用尽权势后就会冤怨相逢。有了福分要常常自己珍惜,有了势力要常常自己恭敬收敛,人生的骄傲和奢侈,只有开始而大多没有终结。

▲ 恶恐人知便是大恶,善欲人知不是真善。

自己的罪恶恐怕被别人知道,这便是很大的罪;自己行善事总想让别人知道,这便不是真正的善。

▲ 知足常乐,终身不辱。知止常止,终身不耻。

知道满足的人会常常感到快乐,一生都不会觉得羞辱;知道适可而止,一生都不会觉得羞耻。

▲ 知足者,贫贱亦乐;不知足者,富贵亦忧。

内心满足的人,即便贫穷也会感到快乐;内心不满足的人,即便富有也会感到忧愁。

▲ 身安不如心安，屋宽不如心宽。

身体的安康不如内心的宁静，房屋宽大不如心胸宽阔。

▲ 一毫之恶，劝人莫作。一毫之善，与人方便。

即便是一丝一毫的坏事，也不要劝人去做；即便是一丝一毫的善事，也要给人以方便。

▲ 心善而子孙盛，根固而枝叶荣。

心地善良则子孙兴盛，树根深固则树叶繁茂。

▲ 小善不积，大德不成。小恶不止，终成大罪。

不积累微小的善事，就不能成就崇高的德行；不停止做微小的恶事，最终会酿成大罪。

▲ 君子上交不谄，下交不渎。

君子对地位比自己高的人不巴结不谄媚，对地位比自己低的人不轻视不怠慢。

▲ 势可为恶而不为，即是善。力可行善而不行，即是恶。

有机会做坏事，但不去做，那就是善。有能力做善事，但不去做，那就是恶。

▲ 罪莫大于可欲，祸莫大于不知足。

罪过没有比行私纵欲更为严重的，灾祸没有比贪得无厌更为严重的。

▲ 行善之人如春园之草，不见其长，日有所增。行恶之人如磨刀之石，不见其损，日有所亏。

做善事之人的品德，好像春天园子里的青草一样，似乎看不到它们的成长，但每天都有所增长。做恶事之人的品德，好像磨刀的石头，似乎看不出它的损耗，但每日都有所损减。

▲ 处人不可任己意，要悉人之情；处事不可任己见，要悉事之理。

与人相处不能随意而为，要按人之常情来做；处理事情不能固执己见，要懂得处理问题通常的做法。

▲ 以责人之心责己，则寡过；以恕己之心恕人，则全交。

用责备别人的心责备自己，这样就能减少自己的过失；以原谅自己的心原谅别人，这样就没有交不到的朋友。

▲ 少壮不努力，老大徒伤悲。——《乐府诗集》

年青的时候如果不努力去学习，去做事，到老了后悔已来不及了，只有悲哀而已。

▲ 受人滴水之恩，当以涌泉相报。

得到别人对自己的一点好处，应该以数以千万倍的好处回报别人。

▲ 知之者不如好之者，好知者不如乐之者。——《论语》

知道怎么学习的人，不如喜爱学习的人；喜爱学习的人，不如以学习为乐趣的人。

▲ 天下兴亡，匹夫有责。——顾炎武《日知录》

国家兴盛或衰亡，每个普通的人都有责任。

▲ 古之立大事者，不惟有超世之才，亦必有坚忍不拔之志。

——《晁错论》

自古以来能够成就伟大功绩的人，不仅要有超凡出众的才能，还要有坚忍不拔的意志。

▲ 盛年不重来，一日难再晨。及时当勉励，岁月不待人。

——《杂诗》

精力充沛的岁月不会再重新来过，就像一天之中只能有一个早晨。年纪正轻的时候，要勉励自己及时努力，否则，岁月一去不回，它是不会停下来等人的。

▲ 理无专在，而学无止境也。——《问说》

真理不是只在某些人手里，学习是没有尽头的，应奋进不息。

▲ 业精于勤，荒于嬉；行成于思，毁于随。——《进学解》

学业由于勤奋而精深，由于玩乐而荒废；事情由于反复思考而成功，由于漫不经心而失败。

▲ 历览前贤国与家，成由勤俭破由奢。——《咏史》

看遍了历史上无数的有识之士、国家、家庭，成功都是因为勤奋、节俭，而奢侈浪费最终会导致国破家亡。

▲ 宝剑锋从磨砺出，梅花香自苦寒来。

宝剑的锐利是从不断的磨砺中得到的，梅花飘香来自它度过了寒冷的冬季。引申为一个人只有经过艰苦锻炼，不断磨砺，才能取得成功。

▲ 纸上得来终觉浅，绝知此事要躬行。——《冬夜读书示子聿》

从书本上得到的知识终归是浅薄的，要真正理解书中的深刻道理，必须亲身去实践。

▲ 鞠躬尽瘁，死而后已。——《后出师表》

勤勤恳恳，竭尽全力到死为止。

▲ 长风破浪会有时，直挂云帆济沧海。——《行路难》

尽管前路障碍重重，但总有一天会乘长风破万里浪，挂上云帆，横渡沧海，到达理想的彼岸。引申为相信总有一天会实现理想施展抱负。

▲ 物竞天择，适者生存。——《天演论》

生物相互竞争，能适应者才会生存下来。

▲ 由俭入奢易，由奢入俭难。——《资治通鉴》

生活环境从节衣缩食变成丰衣足食，比较容易适应；若是由丰衣足食变成缩衣节食，那就很难适应了。

▲ 古人养生九诀。

“一德”。明代养生家吕坤说：“仁可长寿，德可延年，养德尤养生之第一要也。”

“二字”。宋代文学家苏东坡认为，生在于“安”“和”二字。“安”即静心，“和” 即顺心，“安则物之感我者轻，和则我之应物者顺”。

“三戒”。孔子曰：君子有三戒，少之时，血气未定，戒之在色；及其壮也，血气方刚，戒之在斗；及其老也，血气既衰，戒之在得。

“四法”。明代医学家万密斋指出：“养生之法有四：一曰寡欲，二曰慎动，三曰法时，四曰却疾。”

“五知”。宋代周守忠说：“知喜怒之损性，故豁情以宽心；知思虑之销神，故损情而内守；知语烦之侵气，故闭口而忘言；知哀乐之损寿，故抑之而不有；知情欲之窃命，故忍之而不为。”

“六节”。明代医学家江琦石说：“节嗜欲以养精，节烦恼以养神，节愤怒以养肝，节辛勤以养力，节思虑以养心，节悲哀以养肺。”

“七食”。清代名医石成金指出：食宜早些，不可迟晚；食宜缓些，不可粗速；食宜八九分，不可过饱；食宜淡些，不可厚味；食宜温暖，不可寒凉；食宜软烂，不可坚硬；食毕再饮茶两三口，漱口齿，令极净。

“八乐”。名医石成金的八乐是：静坐之乐，读书之乐，赏花之乐，玩月之乐，观画之乐，听写之乐，狂歌之乐，高卧之乐。

“九思”。孔子曰：“君子有九思：视思明，听思聪，色思温，貌思恭，言思忠，事思敬，疑思问，忿思难，见得思义。”

▲ 贪如火，不遏则燎原；欲如水，不遏则滔天。——《韩非子》

贪欲像火，不扑灭就会燎原。欲望像洪水，不疏通就会滔天。

▲ 忍小忿而就大谋。——《留侯论》

忍匹夫之勇，以免莽撞闯祸而败坏大事。

▲ 大人不华，君子务实。——《潜夫论》

卓越的人不追求虚有其表，有修养的人致力于实际。

▲ 名与实对，务实之心重一分，则务名之心轻一分。

——《传习录》

名与实相对，务实的心重一点，求名声的心就轻一些。

▲ 克俭节用，实弘道之源；崇侈恣情，乃败德之本。

——《旧唐书》

勤俭节约，是弘扬王道的本源；崇尚奢华，是道德败坏的重要原因。

▲ 谓省察于将发之际者，谓谨之于念虑之始萌也；谓省察于已发之后者，谓审之于言动已见之后也。念虑之萌，固不可不谨；言行之著，亦安得而不察。——《性理精义》

思虑刚刚萌生之时，如出现不良念头应及时克制，思虑外化为言行之后，应及时省察自己的言行是否合乎道德规范，如不合则应立即改正。

▲ 人之为学有难易乎？学之，则难者亦易矣；不学，则易者亦难矣。——《为学》

学习有难易之分吗？肯学，即使难学的知识也会容易掌握；不肯学，即使很容易学的知识也变得难学。

▲ 书山有路勤为径，学海无涯苦作舟。——《增广贤文》

攀登知识高峰，勤奋是唯一的路径，学习如大海没有止境，要想渡过学海，就必须有刻苦学习的精神。

▲ 心读书而一，神读书而清。疑读书而辨，虑读书而莹。饥读书

而饱，困读书而醒。愠读书而喜，愤读书而平。——《读书右箴》

用心读书，就能把书读进去，做到心口一致；用孜孜不倦的精神来读书，就能把书中道理了解得清清楚楚；用善思多问的方法读书，就能辨明书中是非曲直；用疑虑的态度读书就会使人清明。读书可以满足人的精神需求，也可以使人从混沌中清醒；读书可以使恼怒变成欢喜，也可以使愤愤不平变得心平气和。

▲ 天下之事，成于惧而败于忽。

天下大事，用敬畏和慎重的态度对待就会成功，如果疏忽大意、骄傲自满就会失败。

▲ 凡善怕者，必身有所正，言有所规，行有所止。

只要有敬畏之心，人就能做到身正、说话有规矩、行为有尺度。

▲ 善罪身者，民不得罪也；不能罪身者，民罪之。——《管子》

善于自我批评的人，人民不会责备他；不肯自我批评的人，人民才谴责他。

▲ 天时不作勿为客，人事不起勿为始。——《管子》

如果人不效法自然，违反自然的规律办事，事情就没有成功的可能。因此，在客观条件未具备的情况下，不要勉强去做不可能办到的事。

▲ 夫矩不正，不可以求方；绳不信，不可以求直。——《管子》

规矩不正，就难求出方形；绳墨不一致，则很难求出直线。法律也是这样，首先必须本身公正，然后才能予人于公正。

▲ 取人以己，成事以质。——《管子》

用人，必须首先考虑自己的能力；办事，必须量力而行。

▲ 小谨者不大立。——《管子》

谨小慎微是拘泥，成不了大事。

▲ 伐矜好专，举事之祸也。——《管子》

骄傲自负，是做事情的大害。

▲ 誉不虚出，而患不独生，福不择家，祸不索人。——《管子》

荣誉不是凭空而来的，祸患也不是无缘无故而产生的；福气不主动选择人家，灾祸也不主动找寻人家。

▲ 夫君子之行，静以修身，俭以养德。非淡泊无以明志，非宁静无以致远。——《诫子书》

一个有德行的人，可以在宁静中修养自身，可以在廉洁勤俭中涵养德性。没有淡泊之心就难以有志向，没有宁静之心就难以实现崇高的理想。

▲ 咬定青山不放松，立根原在破岩中。千磨万击还坚劲，任尔东西南北风。——《竹石》

立身处世要有坚定的信念，这样才能在艰苦的环境中经受住各种磨难，勇往直前。

▲ 勿以小恶弃人大美，勿以小怨忘人大恩。——申居郧

不要因为别人一点小的过失就完全否定这个人的优点，也不要因为对别人有一点小怨气，就忘记这个人给人的大恩惠。

▲ 不枉义以从死，不易言以求生。——刘向

不违背正义而去牺牲，不为了求生而讲违背良心的话。

▲ 莫道桑榆晚，为霞尚满天。——《酬乐天咏老见示》

人到晚年就像黄昏时晚霞一样依然光照天空。

▲ 养心莫善于寡欲，不欲则不惑。所欲不必沉溺，只有所向便是欲。——程颐

只有减少欲望才能养心，才能使自己不迷惑，即便有欲望也不应太过分。

▲ 少年易学老难成，一寸光阴不可轻。——《偶成诗》

学习在少年之时非常重要，千万不要轻视这一段光阴。

▲ 男儿坠地志四方，裹尸马革固其常。——《陇头水》

男子汉大丈夫，一生下来就应志在四方，就算是战死疆场马革裹尸，也没有什么值得奇怪的。

▲ 位卑未敢忘忧国。——《病起书怀》

尽管自己地位卑微，但是从未忘掉忧国忧民的责任。

▲ 利于国者爱之，害于国者恶之。——《晏子春秋》

有益于国家的人受到人们的喜爱，有害于国家的人被人们痛恨。

▲ 古今之成大事业、大学问者，必经过三种之境界："昨夜西风凋碧树，独上高楼，望尽天涯路"，此第一境界也。"衣带渐宽终不悔，为伊消得人憔悴"，此第二境界也。"众里寻他千百度，蓦然回首，那人却在，灯火阑珊处"，此第三境界也。——《人间词话》

自古以来，凡是成就大事业、大学问的人，必然经过三种境界。第一种境界是西风刮得绿叶凋谢，无论所处环境多么恶劣都能居高临下高瞻远瞩。第二种境界是决心努力奋斗，不惜牺牲自己的身体。第三种境界是甘于经受磨炼，勇于在失败和成功中升华自己。

XIAN DAI PIAN

现代篇

▲ 理想有胜于现实的地方，现实也有胜于理想的地方，唯有把这两者融为一体，才能获得完美的幸福。

▲ 读书多了，容颜容易改变，许多时候，自己可能以为许多看过的书都成过眼云烟，不复记忆，其实它们仍是潜在的。

▲ 我不识何等为君子，但每事肯吃亏的便是，我不识何等为小人，但每事好占便宜的便是。

▲ 生活是一种律动，须有光有影，有左有右，有晴有雨，滋味就含在变而不猛的曲折里。

▲ 只有你在意，你才会创造。

▲ 为失败找借口，最后只会将伤口越撕越深。

▲ 生命中伟大的光辉，不在于永不坠落，而在于坠落后还能再度升起。

▲ 人生第一要求，就是光明与真实，只要得到了光明与真实，什么东西、什么境界都不危险。

▲ 能让自己真正满足的唯一方法，就是从事你认为伟大的工作。从事伟大工作的唯一方式，就是爱上你的工作。

▲ 一群有思想并且有着献身精神的公民可以改变世界，请不要怀疑这种说法，事实上，世界正是这样被改变的。

▲ 自卑，固然不好，自负，也是不好的，容易停滞。我想顶好是不要自馁，总是干，但也不能自满，仍旧总是用功。

▲ 人世间真是难处的地方，说一个人不通世故，固然不是好话，但说他深于世故，也不是好话。

▲ 一要生存，二要温饱，三要发展。我之所谓生存，并不是苟活；所谓温饱，并不是奢侈；所谓发展，并不是放纵。

▲ 超越自然的奇迹大多是在对逆境的征服中出现的。

▲ 吾爱吾师,吾更爱真理。

▲ 人生最终的价值在于觉悟和思考的能力,而不只在于生存。

▲ 人生就像一本书,傻瓜们走马观花似的随手翻阅它,聪明的人用心阅读它,因为他知道这本书只能读一次。

▲ 我不仅竭尽所能运用自己的脑力，别人的脑力能用的也一并借用。

▲ 教育的目的是将空洞的心灵转化成开放的心胸。

▲ 鸡蛋从外打破是食物,从内打破是生命。人生亦是,从外打破是压力,从内打破是成长。如果你等着别人从外打破你,那么你注定成为别人的食物,如果能自己从内打破,那么,你会发现自己的成长相当于一种重生。

▲ 一根火柴不值一分钱,一栋房子价值百万,但一根火柴可以烧毁一栋房子。一根火柴是什么东西呢? 1. 无法控制自我的情绪。2. 不经理智判断的决策。3. 顽固不化的个性。4. 狭隘无情的心胸。

▲ 一棵树的哲思:树大招风,告诉我们低调是很必要的;玉树临风,暗示我们形象是很重要的;枯树开花,告诉我们希望是不能随意丢掉的;树欲静而风不止,喻示我们凡事是不会尽如人意的;独树一帜,提醒我们创新才是有生命力的。

▲ “八交”,即胜己者、盛德者、趣味者、肯吃亏者、直言者、志趣广大者、惠在当厄者、体人者。“九不交”,即志不同者、夷人者、恩怨颠倒者、好占便宜者、全无性情者、不孝不悌者、愚人者、落井下石者、德薄者。

▲ 我的一生始终保持着这样一个信念,生命的意义在于付出,在于给予,而不是接受,也不在于争取。

▲ 其实令人满意的幸福，总是伴随着充分发挥自身的才能来

改变世界。

▲ 培养善良、正义的行为，仅仅靠道德反省是不够的，还需要构建一种积极强大的心理力量，不让依赖、从众、恐惧、害羞、侥幸等心理因素打败自己的良心。

▲ 受人善行后的首要义务是回报。

▲ 真理和爱必然战胜谎言和仇恨。

▲ 我研究过许多赚了钱的人，后来发现赚钱最多的，实际上是追求理想，顺便赚钱的人，比那些追求金钱，顺便谈谈理想的人赚得多。

▲ 我们把心给了别人，就收不回来了，别人又给了别人，爱便流通于世。

▲ 对于过去的一年，还是在世上生活的这些年，总要有句结束语。虽然人生在世有种种不如意，但你仍可以在幸福和不幸中做选择，一味地争来争去，不见得就有成就。相反，在平淡中冷静思索，倒更能解决问题。我希望能远离偏执，从建设性和创造性的工作中获取幸福。

▲ 真正的幸福决不会光顾那些精神麻木、四体不勤的人，幸福只在辛勤的劳动中和晶莹的汗水中。

▲ 天才出于勤奋。

▲ 天才就是无止境刻苦勤奋的能力。

▲ 没有什么比无所事事、空虚无聊更为有害的了。

▲ 大凡天地生人，宜清勤自持不可懒惰。若当得个“懒”字，便是懒汉终无用处。

▲ 聪明的人永远不会坐在那里，为他们的损失而悲伤，却会很高兴地去找出办法来弥补他们的创伤。与其为过去的失败或损失烦

恼，不如投身于建设性的事业。

▲ 一个人严守诺言，比守卫他的财产更重要。人行走在世上，诚实守信作为一种无形财富，胜似有形财富，不可或缺。

▲ 错误是不可避免的，但是不要重复错误。人不怕犯错误，知错就改，善莫大焉，可怕的是一直犯同样的错误，那就无可救药了。

▲ 立志、工作、成功是人类活动的三大要素，立志显然是首位的，没有远大的志向，工作也就失去了方向，期待的成功就永远不会降临。

▲ 我可以原谅任何人的过错， 但自己除外。能够做到严于律己，以身作则，处处以“高标准”“严要求”来约束自己的人，才能走得更远。

▲ 自制是一种秩序，一种对于快乐与欲望的控制，严格要求自己，必须要有非凡的自制。

▲ 以青春之我，创造青春之家庭，青春之国家，青春之民族，青春之地球，青春之人类，青春之宇宙，以乐其无涯之生。

▲ 要想获得世界上最大的奖赏， 你必须拥有过去最伟大开拓者所拥有的将梦想转化为全部有价值的献身激情，以此来发展和展示自己的才能。

▲ 刚愎与冲动，就是愚蠢的明证。

▲ 蛮横和嗜武是缺乏自信的表现。

▲ 一个大有成就的人，他必须如歌德所言，知道限制自己。反之，那些什么事情都想做的人，其实什么事都不能做。

▲ 人的思想是了不起的，只要专注于某一项事业，就一定会做出使自己感到吃惊的成绩来。

▲ 没心没肺，能活百岁；问心无愧，活得不累。

▲ 心底一注清水，没有过夜的愁，不生过夜的气，也没有过夜的病。

▲ 迁就是相对的姿态，平和是谦和的方式。

▲ 人到万难须放胆，事到两可要平心。

▲ 张之洞评价自己说，平生有三不争：一不与俗人争利；二不与文人争名；三不为无谓争闲气。

▲ 雄心壮志和单纯的责任感，不会产生任何真正有价值的东西，只有对于人类和对于客观事物的热爱与献身精神，才能产生真正有价值的东西。

▲ 一个国家要有名气，一个队伍要有士气，一个人要有志气。

▲ 人不可有傲气，但不可以没傲骨。

▲ 有伟大胸襟的人，才能成就伟大的事业。

▲ 和解与宽恕将战胜仇恨与暴力。

▲ 曼德拉的政治遗产是宽恕与包容，希望与自由，公正与平安。

▲ 人生境界的四个阶段从低到高，分别是聪明、智慧、天才、简单。

▲ 有两种东西，我们愈是反复地思索，它们就愈是给人的心灵灌注了时时翻新、有增无减的赞叹和敬畏，这就是我们头上的星空和心中的道德法则。

▲ 人生四然，来是偶然，去是必然，尽其当然，顺其自然。

▲ 所谓勇敢，应该包括两个方面：一是迎战不应该害怕的任何东西，二是害怕应该害怕的东西。

▲ 在生活的路上，将血一滴一滴滴过去，以饲别人，虽自觉渐渐瘦弱，也以为快乐。

▲ 寄意寒星荃不察，我以我血荐轩辕。

▲ 横眉冷对千夫指，俯首甘为孺子牛。

▲ 知识是引导人生到光明与真实境界的灯烛。

▲ 拿破仑曾说过"胜利属于最坚忍的人"，哥伦布也曾说过"坚忍之心是成功的根基"。许多人在做事时，总是遇难而退、虎头蛇尾，到头来只能是功亏一篑。多付出一次努力就多一些希望，多坚持一会儿就会向成功又迈进一步，多想想办法，多尝试一下，就可能找到克服困难的契机。

▲ 开心才见胆，破腹任人钻；腹中天地宽，常有度日船。

▲ 心是一棵树，爱与希望的根须扎在土里，智慧与情感的枝叶拓展在蓝天下，无论是岁月的风雨扑面而来，还是滚滚尘埃遮蔽了翠叶青枝，它总是默默地矗立在那里等待，并接受一切来临，既不倨傲也不卑微。

▲ 有作为是生活中的最高境界。

▲ 正是劳动本身构成了你追求的幸福的主要因素，任何不是靠辛勤努力而获得的享受，很快就会变得枯燥无聊，索然无味。

▲ 老夫喜作黄昏颂，满目青山夕照明。

▲ 美是到处都有的。对于我们的眼睛，不是缺少美，而是缺少发现。

▲ 人的成功有百分之九十在于自己付出的辛苦和汗水，有百分之十在于灵感，但灵感一旦打开，成功就相伴你的左右。

▲ 你们愿意人怎样待你们，你们也要怎样待人。

▲ 世界上最富有的人，是跌倒最多的人；世界上最勇敢的人，是每次跌倒都能爬起来的人。

▲ 自古人生最忌满，半贫半富半自安，半命半天半机遇，半取

半舍半行善，半聋半哑半糊涂，半智半愚半神仙，半人半我半自在，半亲半爱半苦乐，半俗半禅半随缘，人生一半在于我，另外一半听自然。

▲ 我们的思维要与时俱进，要想到未来，不能光看好眼前。

▲ 大智者必谦和，大善者必宽容，唯有小智者才咄咄逼人，小善者才斤斤计较。

▲ 对自己的生命不负责任，就无严肃可言。平庸就是最大的不严肃。

▲ 读书有三重境界：眼读、心读、神读。读书的最高境界：眼中有书，心中无书。

▲ 只有当知识转化为智慧和能力的时候，知识才有价值。

▲ 在你想愚弄别人之时，正是你最容易受人愚弄的时候。

▲ 最优秀的人不一定是最快乐的，但最快乐的人一定是最优秀的。

▲ 生命中最大的失误，不是你做了什么坏事，而是在你该做什么好事的时候，却选择了退缩。

▲ 人活着，要懂得人生是有“加减”的道理，因为每一个人的人生道路都不是平平淡淡的。人生有时候一帆风顺，可以做到情场得意、商场满意、官场快意、所求如意，这都是“加”的人生。而事业上的失意，人情上的恨意，生活上的无意，朋友间的歉意，这都是“减”的人生。人生本来就像潮水一样，有高潮、有低潮，这就是“加加减减”的人生。因此，人在得意时，须寻一条退路，不死于安乐；人当失意时，须寻一条生路，生于忧患。只有这样，才能使自己的人生虽处于得失加减之中，却能争取得多失少、加多减少的人生。

我们现代人，随着科学技术的日新月异，大都处于加的人生，不懂得加减和得失是人生的必然、是人生的两面，许多人也不具备忧患意识。应该讲，这是一种很危险的情况，如果只是一味地享受加的人生、享乐的人生，那么一旦面临减的人生，就会不知所处、不知所措，对此我们一定要有个警惕。

▲ 应永远铭记，我们旨在救人，不在求利，如果记住这一点，我们就绝不会没有利润。记得越清楚，利润越大。

▲ 人应该把中年以后的岁月全都用来自觉和思索，以便找寻自我最深处的芳香。

▲ 走正道、无旁骛、不着急。

▲ 命运赠送的礼物，暗中都标着价格。

▲ 对于人来说，金钱永远不是第一重要的东西，但永远是第二重要的东西，所以拜金无罪。但拜金有个前提，你要找到第一重要的东西，那就是你的灵魂。这个灵魂也许是真爱，也许是正义，也许是良心，也许是其他品德。每个人都必须追求灵魂，不然的话，拜金就会变成一个怪兽。

▲ 我们经历的苦难，是为了能够让我们更好地安慰别人。

▲ 一样的春天，却不一定给予所有人相同的喜悦，因为欣喜的程度取决于每个人过冬的方式。如果没有竭力对抗过冬天，就不能更深刻地体会春天的温暖。

▲ 庄严你自己，不要在你的智慧中夹杂傲慢，不要使你的谦虚心缺乏智慧。

▲ 当你对自己诚实的时候，世界上没有人能够欺骗得了你。

▲ 不要刻意去猜测他人的理想，如果你没有足够的智慧与经验去做出正确的判断，通常都会是错误的。

▲ 原谅别人，就是给自己留下空间，以便回旋。

▲ 能够把自己压得低低的，那才是真正的尊贵。

▲ 对人恭敬，就是庄严你自己。

▲ 人一定要快乐，如果哪一天你不快乐了，你一定要想一想，今天我为什么不快乐？问题一般出在你身上，人生就是一个态度问题。

▲ 修养，就是把你的思想情感掩盖到非常自然的地步。

▲ 世界如同一支玫瑰花，悲观的人只想它的刺可怕，乐观的人只想它的香可爱。

▲ 对不知道的事，直接说不知道，才是最轻松的。

▲ 每个人总有不愿公开的秘密，千万不要苦苦相逼。

▲ 这个世界上至少有一个地方你可以控制，那就是你的心境。

▲ 人生就是长久的无花期，间以短暂的开花期。

▲ 如果抽取了爱，好人依旧会好，但会干瘪，坏人会愈发坏，会坏得没有一点温度。

▲ 人生不可能总是顺心如意，但持续朝着阳光走，影子就会躲在后面。

▲ 真正的朋友不把友谊挂在嘴上，他们并不会为了友谊而互相要求什么，而是会彼此为对方做一些力所能及的事。

▲ 宽容是一种博大，它能包容人世间的喜怒哀乐；宽容是一种境界，它能使人跃上大方磊落的台阶。只有宽容，才能愈合不愉快的创伤；只有宽容，才能消除人为的紧张。

▲ 当你面对光明时，黑暗自然在你后面。

▲ 世界上没有绝对的公平，公平只在一个点上，心中平，世界才会平。

▲ 邀千百人之欢，不如释一人之怒；希千百事之荣，不如免一

事之丑。

▲ 智者与愚者的区别是：一个充分利用大脑，一个充分利用舌头。

▲ 与其说是别人让你痛苦，不如说是自己的修养不够。

▲ 只有迟来的成功，没有永恒的失败。

▲ 把苦日子过甜，把甜日子过苦，日子也便有了内涵。

▲ 你没有义务要变得杰出，你只有义务对自己诚实。

▲ 最好的习惯是让自己愉快每一天。

▲ 喜欢就争取，得到就珍惜，错过就忘记，生活其实就这么简单。

▲ 情不知所起，一往情深，恨不知所终，一笑而泯。

▲ 悠闲和懒惰不一样，前者是心态，后者是品质。

▲ 不宽恕众生，不原谅众生，是苦了你自己。

▲ 强者要有三个基本的条件：最野蛮的身体，最文明的头脑和不可征服的精神。

▲ 人若软弱，就是自己最大的敌人；人若勇敢，就是自己最好的朋友。

▲ 你现在的位置并不重要，重要的是你前进的方向。

▲ 挫折其实就是迈向成功应缴的学费。

▲ 任何限制，都是从自己内心开始的。

▲ 说走就走，是人生最华美的奢侈，也是最灿烂的自由。

▲ 成功的快船，不等待迟来之客。

▲ 是你的就是你的，愈是紧握，愈容易失去。

▲ 有两种方法可以让文化精神枯萎：一种是让文化成为一个监狱，另一种就是把文化变成一场娱乐至死的舞台。

▲ 最好的生活，无非就是白天可以有说有笑，晚上还能睡个好觉。

▲ 人生就像开飞机，飞多高不是关键，关键是落地一定要稳当。

▲ 把弯路走直的人是聪明的人，他找到了捷径。

▲ 让别人快乐是慈悲，让自己快乐是智慧。

▲ 你也许不清楚自己是个什么样的人，但当你面对金钱、权利和人生是非的选择时，你会知道真正的自己是个什么样的人。

▲ 当金钱站起来说话时，所有的真理都沉默了。

▲ 无论怎么样，一个人借故堕落总是不值得原谅的，越是没有人爱，越要爱自己。

▲ 许多人一辈子都在钱眼里挣扎，他们却对人说，他们是在挣钱。

▲ 人生低谷时，耐得住寂寞；人生辉煌时，经得起诱惑。

▲ 有梦想才能有希望，否则天天吃了睡睡了吃，人生还能有什么意义？

▲ 从古至今，历朝历代的官吏中凡是心有不正者，大多都因为一个“贪”字而堕落。

▲ 得意不忘形，失意不气馁。

▲ 你身边的人不可能人人都是你所希望的类型，也不可能人人都有令人敬佩的高尚品德。相反，他们身上可能存在着很多你非常不齿的缺陷或恶习，但是这都不应该成为你拒他人于门外的借口。因为在这个世界上，每个人都有自身存在的价值，就看你能否发现别人身上对你来说具有价值的东西，只要他们能够在某些方面给予你帮助，那么缺陷只是他自己的，你只需交给他们一个平台发挥

其价值就行了。吹毛求疵的结果，只会让你成为孤家寡人。

▲ 一个人手下有能人未必就是一件好事，要知道心腹和心腹之患只有一步之遥，如果你有能力百分百地把握住手下的人，那么你就是安全的，如果你不能，那么你就要小心了。

▲ 很多时候一个人之所以能够成功，不一定是因为他有多少才华和智慧，而是因为他有足够坚定的意志和目标，而是因为他历经沧桑之后，能始终如一地坚守着最初的梦想。而那些目标多变，随遇而安的人最终只会被人遗忘到滚滚的历史洪流之中。

▲ 要留下人生足迹，必须一步一个脚印；要少走人生弯路，必须三思而行。

▲ 认识一个人靠机缘，了解一个人靠智慧。

▲ 为受窘的人说一句解围的话，为沮丧的人说一句鼓励的话，为疑惑的人说一句提醒的话，虽然很简单，却很有意义。

▲ 仔细一想，伤害别人的面子，牺牲你的人缘，换来一个小小的胜利是不值得的。如果有朝一日，你对某一件事知道得绝对正确，可以提出确实的证据证明你是对的，别人是错的，那时你最好什么也别做。

▲ 别人想要使你难堪，攻击你时，你必须先集中心力做好自己的工作，并且保持礼貌与和善的态度，然后不理会他们的卑鄙、龌龊的攻击性举动。只要能做到这些，就不会失败。

▲ 如果我们希望和别人的友谊能维持长久直至永远，那就得像钢琴调音一样，不断地调整，找准自己的处世方式。

▲ 俗话说，死要面子活受罪。许多人为了几句话毫无真情的恭维话花了自己数不清的钱。记住，在付账之前一定要保持清醒和冷静，在买东西时，尤其要排除干扰，自己拿主见。

▲ 钓鱼的人要“下饵”，往往先诱人于小利，许多“聪明人”在见到便宜的时候，就忘了“天底下没有免费午餐”的道理，结果上当受骗。记住，尽管流氓恶棍诡计多端，只要你坚持正道，他们就无隙可乘。

▲ 你的思想决定了你的行为，你的行为决定了一切。在与人交往的时候，时刻不要忘记礼貌和教养。可以肯定地说：你的言行举止，可以让你受到人们尊敬，也可遭到人的鄙视。

▲ 一个伟大的人，以他对待小人物的方式来表达他的伟大。性情好的人往往能原谅一切过失，他们常常会坚持说，这些有过失的人本意是好的，或者说只是一时地不小心犯下的错误。

▲ 在生活中，学会忍让和谦卑，就会带来个人的身心愉悦，带来和谐的人际关系。

▲ 没有人高贵或威严到可以忽略周围任何人的地步，即使是很小的人物，也可以给你带来愉快或制造麻烦。

▲ 待人要热情平等、一视同仁，要全面提升你的人气，需要不同层次人的支持。

▲ 下一刻将会发生什么，任何人都无法预料，但事情的结果，却是可以被预测出来的。用乐观的态度去面对它，坏事也可变成好事，以悲观的态度去处理它，好事也可能会变为坏事。因为，成功常常伴随着失败，失败往往孕育着成功。

▲ 要活得快乐，活得成功，就必须先摆正自己的心态，走出失去的阴影。将视线锁定在目前拥有的事物上，无论在什么时候，你都能感到光明、美丽、快乐的生活将围绕在你的身旁。

▲ 每个人都是独立的个体，任何人都不能代你经营人生。因此，你只有以自己的方式歌唱生活，描绘生活的蓝图，不论是好是

坏，你都必须耕耘出具有自己特色的小天地，谱写出令自己满意的生活乐章。

▲ 生活中处处都飘散着幸福的歌声，哪怕只是一杯凉茶，一碗热汤，或是一轮美丽的落日，都能够给你带来幸福的感受。只要你懂得欣赏，自然可以从生活的点滴中品味到快乐的滋味。

▲ 尺有所短，寸有所长。每一个人都应该满足所拥有的一切，不要拿自己的缺点去撞击他人的优点，拿自己的不足与他人为之骄傲的地方做比较，那样只会自讨苦吃。拥有一颗平常心，充分发挥自己的长处，创造美满和谐的生活，才是你应该做的。

▲ 决定我们是否快乐的根源，不在于我们创造了什么，而在于我们能否适当地遗忘掉什么。快乐和忧愁本来就是一对孪生兄弟，同时围绕在我们的左右，只要你能适当地取舍，就能留住身边的幸福和快乐。

▲ 不要幻想那种圆圆满满的生活，也不要幻想生活中的每一天都阳光明媚。每个人在人生的道路上，注定要经历艰难困苦的考验，品尝酸、甜、苦、辣、咸这人生五味。其实苦难重生后就是幸福，只要能笑看人生，即使是凄风苦雨又能奈何。

▲ 获得美好的生活，需要人们对未来充满希望，无论面对困难还是挫折都不能浇灭心中的希望。无论源于自己的灾难是如何巨大，通过努力一定可以开辟出一条新的道路。

▲ 每个人都是一个独立的个体，都有自己做人的原则，以及为人处世之道和生活方式，所以没有必要在意别人的想法，只要活出自信，活出自己的风格，让他们说三道四去吧！

▲ 希望是人们心中的一盏明灯，它照亮了人们前行的道路；希望是人类美好生活的前提，是人类超越自我的动力；人类因为拥有

了希望才有了美好幸福的生活。

▲ 地球上一切美丽的东西来源于太阳，而一切美好的东西都来源于人，让心情开朗的最好方式就是让阳光住进你的心房，只要心中有阳光，就能在生活中体味到快乐的滋味。

▲ 每个人的一生都不会是一帆风顺的，做事也不可能事事顺心。遇到不顺心的事，不妨往好的一面去想，心情才能豁然开朗，压力才能减轻，生活才能过得美好。

▲ 凡事量力而行，不要模仿别人，做那些根本不可能的事。

▲ 做人不要太贪婪，太贪婪也许会出现难以预料的后果。

▲ 别用根本无用的思想占据你的头脑。

▲ 不能因为一次错误否定自己的路，也不能因为嘲笑而低头。

▲ 幸福和快乐要大家一起维护，任何一个环节出了问题，都会影响甚至彻底毁坏原有的和谐。

▲ 一个人的奋斗固然可嘉，但众人拾柴火焰高，团结才是力量。

▲ 华而不实的修饰只能让人变成生活的奴隶，虚荣是人生的枷锁。

▲ 虽然提倡效仿毛遂，要敢于自荐，但自荐的前提是要有充足的能力，只有对某项艰巨的任务胸有成竹时，才可以大胆地推出自己，反之，还是把精力放在提高自身能力上较为稳妥。

▲ 当你想寻找敌人时，敌人就在你身边；当你想寻找朋友时，朋友自然围绕在你左右。不善于与人相处的人，无论生活在哪里，都会有敌人，善于与人相处的人走到哪里都能品尝到友谊的甘甜。

▲ 既然答应别人的事就要做到，这不仅关乎个人的信誉，还是一个人待人处世好坏的重要标志。正如老子所说："轻诺必寡信，多

易必多难。”所以，做人要做个讲诚信、重信誉的人，因为诚信可以使你获得良好的人际关系，促使你走向成功。

▲ 诚实的人不会为自己辩解，辩解是虚伪的装饰，诚实则不需要。

▲ 人的心理很脆弱，容易人云亦云，杯弓蛇影。其实，这样做都是自己给自己找麻烦，无中生有。所以，为人心态要保持平衡，遇事则要保持自己的看法。

▲ 当你自卑的时候，请记住也许别人和你一样，自卑能使人的心灵犹如受潮的火柴，燃不起奋进的火焰。

▲ 遇到好事就开心，遇到坏事就烦恼，人们往往都是这样。但开心也好，烦恼也罢，都不要让它影响了自己的下一个计划，权且把它当作一个“偶尔”放掉吧！

▲ 净化自己的心灵，把阻碍成功、影响心情的事甩到门外。

▲ 有人不肯让别人分享自己的财富；有人不肯让别人分享自己的快乐；有人也不肯让别人分享自己的忧愁；那么所有的结果由你独享，这就是痛苦。

▲ 有时候是孤独、寂寞和痛苦使我们锁住心门，封闭自我；有时是因为想得太多，而防着别人，以使许多不愉快的情感乘虚而入。人生的道路漫长，关键的只有几步，打开心扉，才能得到有益的帮助和指导。

▲ 欺骗他人无异于连自己一同欺骗，只是自己更变得心虚罢了。

▲ 精明的人不会过于急功近利，而是把握住许多与他人交往的机会，在进一步交往时拉近彼此间的距离，为以后的成功做铺垫。要知道，一个成功的人定会有很广的人脉相助。

▲ 生活中，精明的人会利用察言观色的方法寻找与对方的共同兴趣，通过交谈的方式化解彼此间的误解，而迂腐的人只会选择逃避的方式来解决问题，最终为自己造成更大的麻烦。

▲ 糊涂一点没什么不好，但所说的糊涂并不是真糊涂，而是一种保身的处世之道，一旦掌握“难得糊涂”，这一诀窍就会让你受用无穷。

▲ 人与人之间产生矛盾是难免的，有的是因为文化程度不同，有的是因为双方欠缺了解，有的是因为对某个问题的见解不同，如果你运用以退为进的策略，以宽容的态度包容他人，忍住最容易爆发的激动情绪，这样你就可能赢得缓和或解决问题的时间。

▲ 要知道没有人可以独自一个人到达事业的顶峰，如果你决定做个出类拔萃的人，就不要忽视为人处世的重要作用。

▲ 俗话说，忍字头上一把刀。可见，“忍”是一件多么困难的事，但是在很多时候你必须忍住一时的冲动，只有这样才能远离祸患，为自己的前途开辟一条宽敞的大道，可以说：“忍”是世间轻松行走的一条保身之道。

▲ 读书对任何人来说都至关重要，一旦不读书就相当于被时代遗落，由此可见读书的重要性。但是读书也要讲究一个原则，绝对不能死读书，一定要重视实践能力。否则，原本可以当作好事看待的读书，也成了一件误人的坏事。

▲ 许多时候，我们会不经意地处理、打发掉一些自认为不重要的事情和人物，但这种随意、不负责、不敬业或者不道德的行为会造成一些很不好的影响或后果，在你以后的人生道路上，不一定在什么时候突然显现出来，令你对当年的行为追悔不已。

▲ 有些人之所以总是烦恼缠身，总是充满痛苦，总是那样怨

天尤人，总是那么不满意和不如意，多半是因为缺少应有的宽恕和感恩。

▲ 待人处世的时候，一定要考虑周全，避免别人的误会和不愉快的联想。

▲ 说话不分场合，不注意分寸的人，即便十分热情，也容易引起别人的反感。

▲ 为人处世要像水一样，能屈能伸，既要尽力适应环境，也要努力改变环境，实现自我。我们应该多一点韧性，能够在必要的时候弯一弯、转一转。太坚硬的东西容易折断，唯有那些有一些柔韧弹性的人，才能克服更多的困难，战胜更多的挫折。

▲ 封闭的门窗，隔绝了与外界的接触；封闭的心灵，局限了思想的空间。

▲ 物质尽管丰富，拥有的层面有限；精神大可淡泊，享有的乐趣无穷。

▲ 当你羡慕别人的成就时，就要珍惜自己平凡的工作，因为在你的背后也有人在羡慕着你。

▲ 成功常常在失败的尽头，只不过好些人总是坚持不到那里。没有一颗平静的心，没有足够的耐性，没有持久的努力是很难达到成功的目标的。

▲ 沉默是一种成竹在胸、沉着冷静的姿态，尤其在神态上更是要表现出一种优势在握的感觉。不冷静的人容易让自己的情绪失控，而说话太多的人总是容易忘了自己的初衷，失去了做事的分寸。

▲ 想要成功，却不给成功铺路，等于不用钥匙就想打开锁着的门。不要每天忙于幻想，做点实际性的工作更重要。

▲ 站在巨人的肩膀上，你才会看得更高、更远。人生注定要走

许多弯路，只有善于学习，接纳不同的声音，有目标、有计划、有原则地活着，才能有高质量的生活。

▲ 生活中的连锁效应不胜枚举，只要有人做了，其他人觉得好，自然会跟着做。而那些遇到不满意的事，总是指责、乱骂别人的人，是不是该想一想从自己做起，去改变别人呢？

▲ 做人不可骄傲自满，有了成绩便不可一世，眼中容不得任何人，这样往往容易成为人们攻击的对象，为了避免更多的麻烦，所以做人还是谦虚些好。

▲ 在待人处世之中，谁都不愿意与小人打交道，可不管你愿意还是不愿意，遇到小人都是难免的。所以，千万要小心，要处处防范被小人算计。

▲ 在待人处世过程中，要想获得成功一个很重要的技巧就是发掘对方身上的优点、夸奖对方的长处，而不要抓住别人的隐私、痛处和缺点大做文章，切忌揭人之短，伤人自尊。

▲ 在社交活动中，能适时地为陷入尴尬境地的对方提供一个恰当的“台阶”，使他免丢面子，既是处事的一大原则，也是为人的一种美德，这不仅能使你获得对方的好感，而且也有助于你树立良好的社交形象。

▲ 任何时候，成绩只能说明过去。用过去的成绩说话，远没有用未来的工作计划说话更有分量，千万别沾沾自喜吃老本。

▲ 快乐寓于追求、奋斗之中。有人成天快乐，是因为善于寻找快乐，而人只有在收获用自己汗水浇灌出的果实时，才是最快乐的。

▲ 当你每天必须从事平凡的工作时，你不必烦恼，因为那是不平凡的一部分，有了这每天的平凡，最终才能成就不平凡。

▲ “不入虎穴，焉得虎子？”勇于闯入某些禁区，你才能摘到特

别的果实，才会发现新大陆，才能走到别人的前头。

▲ 人要正视自己的生理缺陷，一个人心理的健康才是最大的富有。

▲ 人生好比一盘棋，我们每个人都不可能把每一步都走得准确。然而，我们应当觉得每一步都是灿烂的，生活的每一分钟都值得干杯。

▲ 烦恼由心生，也由心灭。想得越多越远，烦恼就越多，并给自己带来无休止的压力。要想心静，要想快乐，就要放下心中那些多余的事情。

▲ 在成长的过程中，我们习惯于那些压制我们的因素，其实它们往往只是纸老虎，只有心灵不再怯弱，才能寻找到自己的路。

▲ 退让不仅是一种机智，也是一种坚韧的毅力和顽强意志的表现，而瞬间的忍耐，是希望的艺术，是长久安乐的源泉。

▲ 残疾有时不属于残疾者本身，而属于正常人的眼光。

▲ 人互有长短，但解决不了的问题，对你的朋友或亲人而言，或许就是轻而易举的。记住，他们也是你的资源和力量。

▲ 不要给有些选择赋予太多的牵强意义，很多时候选择的理由只是本能，只是一种自然的，最可成功的反应。

▲ 生活不一定有唯一的标准答案，世界不一定有唯一的终极真理，我们不应以“非对即错”的简单思维去分析多元化的世界。

▲ 对任何有劳动能力的人而言，劳动是生存的第一理由。

▲ 人生需要金钱，更需要快乐，有了金钱可能会有更多的快乐，但是用快乐换取金钱可能就不值得了。

▲ 看事情，如只看表面，而看不到实质，迟早会吃亏。因为表面代表不了事物的实质，只有看透事物的本质，才能做出正确的判断，

才知道自己该怎么去做，这也是检验一个人的品行高低的方法之一。如果一个人的品行不好，又怎么能在社会上立足呢？

▲ 友谊需要用忠诚去播种，用热情去灌溉，用原则去培养，用谅解去护理。为了维护友谊，在不可收拾之前进行适当的修补，比重建更加容易和有价值。

▲ 人世间的许多危险都不露痕迹地潜藏在外表完美的人和物里，要保护自己就要避开一切可能的危险。

▲ 不可太信任人，但是也不能陷入另一个极端，对人人都猜疑。从受骗中吸取教训，激励自己、改善自己才是走向成功的最有效方法。

▲ 人格的力量不只是一种强大的精神力量，更是一种强大的物质力量。在一定的条件下，人格的魅力完全可以转换成一种突破困境的生产经营要素。

▲ 在人生的旅途中，每过一个时期或每走一段路程，不妨回头来看看自己的身后，看看在太阳落山之前是否还能走下去或干脆停下来沉思片刻，问一问，我要到哪里去？我要干什么？这样可以活得简洁一些，也不至于走得太远，失去现在，失去自我。

▲ 做手头的小工作，其实是大事业的开始，能否意识到这一点，意味着你能否做成一件大事业。

▲ 有时复杂的不是问题，而是看问题的角度。

▲ 有时成败只在于一个观念的转变。

▲ 许多大人物的经验之谈看似平淡无奇，实则读懂了则可受益终生。

▲ 有的人初入社会，能放下身份与架子，甚至让别人看低自己，然后在实际工作中，一次次地展现自己的才华，让别人一次一次

地对自己刮目相看，他的形象就逐渐高大起来。但有一些人，初入社会时，往往把自己的一堆头衔底牌亮出来夸耀自己，结果让别人反感，难以与他合作，或者招来很高的期望值，而让别人对他一次一次地失望，这就是低调和张扬的区别。

▲ 解决问题通常要把复杂的问题简单化，吓唬人时才把简单问题复杂化，用高深名词包装简单常识，很多所谓的专家就是这样做的。

▲ 不懂反省的人，永远看不到自己的缺点。

▲ 不肯奋发的人，永远用不到自己的长处。

▲ 忍耐是修行的力量，包容是做人的修养，柔和是处事的良方，感恩是惜福的资粮。

▲ 明古训可以惩心，寡酒色可以清心，祛私欲可以养心，悟至理可以明心。

▲ 一念顿悟，可以放下身心，解脱自在；一念生迷，只会作茧自缚，掀风起浪。

▲ 宁静才能致远，从宁静中可以找回自己；无私才能容众，从无私中可以扩大自我。

▲ 不顽固不化，不墨守成规，才有生存和成功的希望。

▲ 信仰如星光照路，如巨宅安稳；信仰如大船引渡，如善友相伴。

▲ 生命有限，学海无涯。知识是武装人头脑的武器，它可以使人免遭时代遗弃的厄运，每天都努力学点新东西，才能充实生活，生命才不会浪费。

▲ 光荣来源于竞争，一个人要想成为人中的佼佼者，就不能远离社会这个竞争激烈的大环境。不要害怕竞争环境给自己带来的伤

害，只要你及时地提高自身能力，就一定有表现自己的机会，在众人中脱颖而出。

▲ 不要抄近道，否则会白跑；不要绕远道，否则会迟到；不要走邪道，否则会坐牢；不要走黑道，否则会挨刀；不要只想要，付出不能少；不要急着要，一定要戒躁；不要求回报，该到自然到；不要急得到，心静便无恼；不要装知道，不懂就请教；不要怕人笑，看谁笑到老。

▲ 学业无须惊天地，有成就行；友谊无须说蜜语，想着就行；金钱无须取不尽，够用就行；生命无须过百岁，健康就行。

▲ 友不贵多，得一人可胜百人；友不论久，得一日可喻千古；友不择时，得一缘可益一世。

▲ 聪明的人看得懂，精明的人看得准，高明的人看得远。

▲ 宁可先败在你喜欢的事情上，也不要成功在你所憎恶的事情上。

▲ 愚者赚今天，智者赚明天。

▲ 待人接物不要太计较，如果太计较，就会有悔恨。

▲ 尽量的"宽"，才能容得更多的"窄"。

▲ 承认错误是坚强，吸取教训是聪明，改正错误是伟大。

▲ 最快的脚步不是跨越，而是继续；最慢的步伐不是小步，而是徘徊。

▲ "我"字就是一个找"字"，再找到了觉悟的一撇，便明心见性。

▲ 一个人的涵养，不在心平气和时，而在心烦气躁时；一个人的理性，不在风平浪静时，而在众声喧哗时；一个人的慈悲，不在居高临下时，而在人微言轻时。情侣间的尊重，不在闲情逸致时，而在

观点相左时；夫妻间的恩爱，不在花前月下时，而是大难临头时。

▲ 嘲笑自己的错误，让自己强大；嘲笑别人的错误，让自己渺小。

▲ 聪明的人从愚人那里学到更多，因为聪明的人会从愚人的错误中学到教训，而愚人不会从聪明人的成功中学到经验。

▲ 马在松软的土地上容易失蹄，人在甜言蜜语中容易摔跤。

▲ 人类的聪明才智弄脏了大海。

▲ 运气就是机会碰巧撞到了你的努力。

▲ 正确的结论来自多元的声音，而不仅是权威的选择。

▲ 人生在世，如身处荆棘之中，心不动，人不妄动，不动则不伤，如心动则人妄动，伤其身，痛其骨，于是体会到世间诸般痛苦。

▲ 要想得到从没有过的收获，先付出从没有过的劳动。

▲ 无知不可怕，真诚的无知可怕；愚蠢不可怕，尽责的愚蠢可怕；迷路不可怕，执着的迷路可怕。

▲ 把简单的事情考虑得很复杂，可以发现新领域；把复杂的现象看得很简单，可以发现新定律。

▲ 生活中没有失败者，只有停留在零起点上的人。

▲ 生活中不是每一天都美好，而每一天都有美好之处。

▲ 人生的宽度靠学习力，人生的长度靠行动力，人生的高度靠思考力。

▲ 再高的人有时也需要踮足，再矮的人有时也需要屈身。

▲ 人最可怕的不是不知道自己的缺点是什么，而是不知道自己的潜能到底有多大。

▲ 得意之时想失意，失意之时想未来。

▲ 犯错误不等于错误，凡事都有利有弊，就像硬币的两面。追

求完美，可能让人疲惫不堪，失败同样可能打造出非凡的品质。

▲ 很多事情的发展，注定有个结束，不管是“得到”还是“失去”，我们都要淡然面对，当“得”先擦肩而过的时候，我们应该学会遗忘。

▲ 其实，没有什么东西是不能放手的，时日渐远，当你回头你会发现，你曾经认为不可以放手的东西，只是生命里的一块跳板，令你成长。

▲ 不怕苦，就怕没机会。

▲ 走众人都选择的老路是最安全的，然而，经常会遇到交通拥堵。

▲ 对于成功至关重要的两个特征是自信和自律。有趣的是，许多人会不遗余力地获得第一个特征，但在这个过程中，你可能会失去第二个特征。

▲ 把脾气使出来，那叫本能；把脾气压回去，才叫本事。

▲ 学会知足，可以使生活多一些光亮，多一份感恩，既不会为过去的得失而后悔，也不会为现在的失意而烦恼。

▲ 帆只扬五分，船便安；水只注五分，器便稳。

▲ 福不可享尽，势不可使尽，事不可做尽。

▲ 遇到矛盾冷静些，碰到困难坚强些，了解情况全面些，处理问题慎重些，听到讽刺忍耐些，受到委屈压制些，工作繁忙细致些，待人接物热情些。

▲ 做事要有节、有度、有制。

▲ 人生最痛苦的事是肚子里没货，人生最最痛苦的事就是肚子里就那么点货。

▲ 读书到最后，是为了让我们更宽容地理解这个世界有多

复杂。

▲ 智者不锐，慧着不傲，谋者不露，强者不暴。

▲ 失以安为本，得以舍为本，富以仁为本，穷以志为本。

▲ 只要你的心是晴的，人生就没有阴雨天。

▲ 遇事缓一缓，说话停一停，很多东西便会清晰。

▲ 忘恩负义能使人良心霉烂，像光洁的石头上长出了肮脏的苔藓。

▲ 做事不可迟缓，言谈不可杂乱，思想不可游移，灵魂不可完全倾注于自身或者过分焦躁不安，生活中不可始终忙碌不止。

▲ 越长大越知道做事不容易，越知道每个人都有难处，也就越不敢随随便便瞧不起谁，以免不小心伤害了谁。当然这不是粉饰，更不虚伪，而是懂得了体谅和温柔，温柔地和这个世界相处。

▲ 人生就八个字：喜、怒、哀、乐、忧、愁、烦、恼。喜和乐只占两个字，看透了就好。

▲ 人犯错误，多半是用真情时太过动脑筋，而在该动脑筋时，又感情用事。

▲ 世界上有两种疯狂最可怕，一种是什么都敢做的疯狂，另一种是什么都不做的疯狂。

▲ 在这个世界上最难的事莫过于在多变的世界里维持不变的关系。

▲ 把原本看重的东西看轻一些，把原本看轻的东西看重一点。

▲ 当你不忍割舍“小”时，你就会失掉“大”。

▲ 执着、贪念、不懂放下、不做割舍，你就永远无法真正享有你所拥有的一切。

▲ 人受得气，才成得器。

▲ 挫折使人痛苦，却很少有人利用挫败的经验修补自己的生命。

▲ 小聪明的人，往往不能快乐；大智慧的人，经常笑口常开。

▲ 没有清净的心，就没有清净处，无论走到哪里，都是喧嚣的世界。

▲ 心情是乐出来的，借口是找出来的。

▲ 人的一生就像一篇文章，只有经过多次精心修改，才能不断完善。

▲ 我们无法选择自己的脑袋，但可以选择自己喜欢的思想。

▲ 脾气赶不上力气，力气赶不上志气。

▲ 不要把别人对自己的放弃，变成自己对自己的放弃。

▲ 最简单的事是坚持，最难的事还是坚持。

▲ 浅水喧哗，深水沉静，欲成大器，学会沉稳。

▲ 面对争议总比面对平庸来得好。

▲ 美丽属于自信者，从容属于有备者，成功属于顽强者。

▲ 生活总会给你另一个机会，这个机会叫明天。

▲ 从来不跌倒不算光彩，每次跌倒后都能再站起来，才是最大的荣耀。

▲ 幸福人生需要三种姿态：对过去要淡，对现在要惜，对未来要信。

▲ 人生不会一帆风顺，把眼光放得长远一些，看到不如意背后那缕灿烂的阳光，一切忧愁自然会被信心所取代。

▲ 一个人必须有自觉的使命感，由此才会有责任感，才能恪尽职守，才能勇敢担当，才能自我健全。

▲ 从谦虚中体验乐趣，从忍辱中培养美德，从自制中克服物

欲，从宁静中安顿身心。

▲ 人格，建立在“不自私”三字；成功，奠基于“不苟且”一语。

▲ 把看不顺的人看顺，把看不起的人看起，把不想做的事做好，把想不通的事想通，把快骂出口的话收回，把咽不下去的气咽下，把想放纵的心收住，则会放下自持，随缘自在。

▲ 懂得播撒善良的人，必然能收回好的声音和荣誉。

▲ 只有竹子那样的虚心，牛皮筋那样的坚韧，烈火那样的热情，才能产生出真正不朽的艺术。

▲ 总在乎其他人怎么看你，那你会一直是他人的奴隶。

▲ 人生难免会和痛苦不期而遇，其实痛苦并不可怕，可怕的是内心背叛自己，成为痛苦的帮凶。

▲ 一个人如果认为自己在一生中能干出一番不同寻常的大事，就比没有远大理想的可怜虫，有着更多的成功机会。

▲ 真正有学问的人，就像麦穗一样，当它们还是空的，它们就茁壮成长，昂首睨视，当它们臻于不露锋芒，成为饱满膨胀的麦穗时，便开始低下头。

▲ 一个人失去逻辑思维能力，就失去了独立的思考和创新的灵魂，一个国家和民族失去了逻辑思维能力，整个国家和民族就失去了独立思考和创新的灵魂。

▲ 清闲无事，坐卧随心，虽粗衣淡饭，但觉一尘不染；忧患缠身，烦忧奔忙，虽锦衣厚味，只觉万状愁苦。

▲ 一双刻薄的眼睛，看到的都是有缺点的人；一双傲慢的眼睛，看到的都是愚蠢的人；一双智慧的眼睛，看到的都是值得自己尊重和学习的人。

▲ 一个好社会的标志是，除了规则，一切都是零；一个坏社会

的标志是，一切规则都是零。

▲ 我们喜欢的不是成熟，而是走向成熟的过程。

▲ 懦弱是灵魂的下跪。

▲ 感动别人是享受自己，享受自己心灵中最好的那一部分。

▲ 勉强应允，不如坦诚拒绝。

▲ 人有了物质才能生存，人有了理想才谈得上生活。

▲ 烦恼和快乐是人生的两颗种子，在心田中播下哪颗种子，哪颗就会发芽长大。

▲ 人与人走在一起是缘分，人与人一起在走是幸福。

▲ 真理和真话并不是同一概念，但真话总比谎言离真理更近些，谎言永远抵达不到真理的彼岸。

▲ 不责小人过，不反小人隐私，不念人旧恶，三者可以养德，也可以远害。

▲ 人生就像一本书，傻瓜们走马观花似的随便翻阅它，聪明的人用心阅读它，因为他知道这本书只能读一次。

▲ 万事随缘，但不要放弃努力。

▲ 每年只收成一次，但天天都得下田。

▲ 有了机会不要放过，没有机会不要放松。

▲ 人的烦恼经常是因为站在自己的影子里，却又抱怨没有阳光。

▲ 当不信任来临时，爱就会被挤跑。

▲ 所谓勇气，就是虽然被吓得半死，却依然举止得体。

▲ 现在你做别人不愿做的事，将来你就能做别人不能做的事。

▲ 有人寂寞在热闹中，有人热闹在寂寞中。

▲ 一次做好一件事情的人比同时涉猎多个领域的人要好

得多。

▲ 辛勤的劳动是治疗人们身心疾病的最好药物。

▲ 虚心使人进步,骄傲使人落后。

▲ 骄傲来自浅薄,狂妄出于无知。

▲ 宽容是融合人际关系的催化剂,是友谊之桥的紧固剂,是解除人与人之间心理疙瘩的最佳良药,宽广的胸襟也是交友的上乘之道。

▲ 处于现今这个时代,如果常说"做不到",你将经常站在失败的一边。

▲ 做人要与人为善,做人要从善如流,做人要乐善好施,做人要广结良缘。

▲ 精神能克服一切,真正的良药是心力,心力才是治疗疾病的最好良药。

▲ 有备的后退,则跳得更远;适当的休息,能走得更长。

▲ 一个人忍耐多大,力量就有多大;一个人承担多少,成果就有多少。

▲ 微笑是最美丽的语言,能散布芬芳;礼貌是最庄严的表情,能广结善缘。

▲ 人要讲礼貌,是因为礼貌是立身处世之本,礼貌是自我的修养,礼貌是心意的传达,礼貌是处众的准则,礼貌是家庭的伦理,礼貌是社会的和谐,礼貌是人间的桥梁。

▲ 以随喜代替嫉妒,自然事事欢喜;以随和代替孤傲,自然处处祥和;以随缘代替执着,自然时时自在;以随力代替勉强,自然人人交心。

▲ 防不胜防时,干脆不设防,只需说:"我相信你不会。"人的心

理就是这样奇怪，越是坚固的东西，越有人要同它试软硬，越脆弱的东西，越有人呵护。

▲ 人的一生有许多重要的事情需要我们去做，但一定要排个主次，不能核桃、枣子一把抓，面面俱到。

▲ 当你面对艰苦日子的时候，千万不要泄气，不要绝望，要坚持硬挺下去，尤其在困苦好像达到极点的时候，更要提醒自己，苦难不会持久，强者却可长存。

▲ 识时务者为俊杰，即使身为领导者，要巩固自己的地位，也要体察下属的意愿，尽量顺应民心，不可盲目行事，更不可一意孤行。

▲ 人们不应只注重知识的发展和积累，而必须注重在人格上的修炼和进步。

▲ 先不用说“老吾老以及人之老，幼吾幼以及人之幼”，就是我们每个人，无论中年、青年的人，也会有许多角色的转换，此地你是强者，另一处你可能就是弱者，此时你是服务者，彼时你可能就是被服务者。我们希望别人怎样对待自己，最好先去那样对待别人。

▲ 老想着自己，顾影自怜，孤芳自赏，结果你会走不进别人的心里，别人也走不进你的心里，只要尝试一下，忘掉自己，帮助别人，一切都会改变。

▲ 快乐的情绪可以感染别人，忧郁的表情也会影响别人，谁都不愿意与一个成天不开心的人共事。

▲ 人有缺陷并不可怕，可怕的是非要从事与缺陷相对应的工作。有特长当然是好事，但把特长弃之不用，与没有特长有什么区别？

▲ 中国有句古话，来传是非者，必是是非人。因为做这件事确

实没有什么意义，最好的办法是：一不相信，二不传播。

▲ 对任何不幸与痛苦，要在心中划定一个下限，过期就让它通通作废。

▲ 没游过泳的人站在水边，没跳过伞的人站在机舱门口，都是越想越可怕，治疗这种恐惧的办法就是横下一条心，立即行动起来，做起来就不知道害怕了。

▲ 明哲保身的结果是会让坏人更加嚣张，自己也可能会付出很大的代价。

▲ 世上没有绝对的公平，如果总是抱怨自己怀才不遇，一则说明你没有推销自己的才华，二则说明你的那点才华还太小。

▲ 谁都不敢把自己的明天放到别人的手中。

▲ 别以为老实人总吃亏。

▲ 虽然我们不能阻止别人对自己做任何不公正的批评，却可以做一件更重要的事，那就是，我们可以决定不要让自己受到那些不公正批评的干扰。

▲ 每个人的立场不同，观点自然有很大差异，决不能别人一开口，就变得惊慌失措，没有了主见。

▲ 事实胜于雄辩，在进行分析判断的时候，要尽量以事实为依据，而不是看有多少人持某种观点。

▲ 做人要把智巧隐藏在笨拙中，不要显得太聪明，收敛锋芒，才是明智之举，宁可随和一点，也不可太喜欢出风头。为了不给自己带来不必要的麻烦，应该让自己显得糊涂一些，把自己的精明掩藏在包容和豁达之中。

▲ 人不可抱有欺人之心。

▲ 如果大家都以宽容的心胸去换取一点人情味，这个世界将

变成爱的乐园。

▲ 在做一件事前，你是否常在心中对自己说：可能不行吧！万一怎么样，又该怎么样？结果，你可能还没有去做，就没有信心了，事情十有八九就会朝着你所想的不利方向发展。

▲ 别人冲你生气，是因为他有气，而不完全是你的错，如果你能传染微笑而消除敌意，十有八九这个人的气就会荡然无存。

▲ 自己把自己不当回事，别人便瞧不起你。生命的价值首先取决于你自己对自己的态度，珍惜独一无二的自己，珍惜这短暂的几十年光阴，只有看重自己，自我珍惜，生命才会有价值，然后再去不断充实、挖掘自己，最后世界才会认同你的价值。

▲ 能不计较小事，便能减少心灵上的负荷；能不听别人的闲话，就能避免不必要的争端。

▲ 懂得勤劳的人，不会说没有时间；不知精进的人，才会抱怨没有成就。

▲ 话不能说绝，事不能做绝；路不要走绝；人不要处绝。

▲ 邪知邪见，似是而非，使人沉沦。正知正见，明心见性，使人自在。

▲ 为人处世要"能屈能伸"，势力强大的时候乘势反击敌方，固然值得肯定，善于借势反击更令人赞叹。

▲ 声援弱者、谴责强横虽是小事，但它能展示人性的光辉，是一种爱的实践。

▲ 尊严是人类灵魂中不可糟蹋的东西，如果你想受人尊敬，那么首要的一点就是你得尊敬自己，只有自我尊敬，你才能赢得别人的尊敬。

▲ 人一定要奉行诚实的原则，无端地欺骗别人，不但会把自己

的信誉丢了，最后受害的往往是自己。

▲ 别人的评论不总是客观公正的，你一定不要迷失了自己的主见，应该知道什么是对的，什么是错的。

▲ 生活就是这样，你不能企求尽善尽美，人人满意。

▲ 人们都知道“水可载舟，亦可覆舟”，但是水只要不渗进舱里，船就不会沉。只要确定你是对的，并能秉持你的信念，无怨无悔，你就会拥有真正的勇气，而且最终能获得成功。

▲ 人生最大的敌人，不是别人，而是自己。人生最大的胜利，不是制敌，而是克己。

▲ 语言是人际间沟通的重要工具，运用不当则是伤人的强烈武器，说好话、赞叹别人、给人欢喜，也是一种修行。

▲ 有接受别人批评的雅量，才能为学做人；有改正自己错误的勇气，才能立功立业。

▲ 与人相处，不要比较，不要计较，烦恼的大部分都是从比较、计较中而来的。我不比较、不计较，自然就少烦恼。

▲ 情绪化的言论只是逞一时之快，必无好的结果；理智性的讲话是经过再三思虑的，必能各方圆融。

▲ 心中不舒服而介意，谓之“气”，气出则伤身；胸中不抱残而奋起，谓之“志”，志立则神明。

▲ 俗话说，磨刀不误砍柴工。当觉得工作吃力的时候，就是该充电磨刀的时候了，一味追求效果，不假思索，是盲目的，是不可取的。

▲ 过去的东西无法追回，也不可能有第二次机会，为下一次努力，才是你现在最应该做的。

▲ 人生不如意之事，十有八九。无法改变的事，忘掉它，有机会

去补救的，抓住最后的机会。悔恨、埋怨、消沉不但于事无补，反而会阻碍新的前进步伐。

▲ 面对挫折，每个人都可以有两种选择，一种是怨天尤人，另一种就是活得更起劲。只要审时度势、自强不息，总有一条很宽广的路是单为你铺的。

▲ 完美不能苛求，完美只是我们做事的目标。没有最好，只有更好，把完美当作动力才是最完美的事情。

▲ 最平常的职业，只要注入自己的热情和智慧，也能使它神圣、高尚；再普通的人，只要认认真真、忠于职守、严于自尊，也能使自己变得高贵。

▲ "吃亏"也是一种奉献，舍弃一部分，吃点小亏，一时的痛苦和一世的幸福与收获相比，孰重孰轻，一目了然。而那些永远不允许自己吃亏的人，只能绷在生活的弦上。

▲ 打越级报告是一种严重的不尊重他人的行为，最终必定会产生不良结果，顶头上司不理睬你，直属上司还要排挤你，这又何苦？所以，尽可能不要打越级的报告，以免自食其果。

▲ 说出去的话，泼出去的水，一旦流言蜚语传播出去就再也无法收回。当等到伤害到别人，再后悔就晚了，因为你和被谈论者的那份情已经消失了，有时甚至会引发一场激烈的争斗。所以，在与人交往时，如果不知内幕就不可信口雌黄，以免招惹是非。

▲ 他人困难时，最需要的是理解和帮助，若与你没有积怨旧恨，即使不帮助他，也应该理解他，大可不必雪上加霜、落井下石。所以，你没有必要跟着别人一起去做损人不利己的事。

▲ 赞扬可以使卑微者变得自信，规劝可以使狂妄者变得冷静，鼓励可使绝望者找到生活的光芒。"给予"的天空是无限广阔的。

▲ 不如人未必不是好事，不如人也不是你的错。人有各种各样的潜能，却不是每一项潜能都能得到充分的发挥，对此要有一个从容心态，努力把自己擅长的做好。

▲ 太在乎所有人的做法，只能使自己陷入困境无法自拔，因为大家的想法不可能都一样，只要自己满意就行了。

▲ 真正快乐的人不会计较过去，我们大脑容量虽然很大，记得太多不该记得的东西，只能徒增心灵的负担。遗忘很难，那就试着别再想起。

▲ 为了寻找幸福美好的生活，我们需要效仿孩子，用一颗单纯的心去看世间发生的每一件事，如果可以做到这一点，哪里还会有那么多的不如意，如果可以做到这一点，生活中一个微小的惊喜都可以让你的生活被快乐围绕。没有找到快乐的人们，赶快行动起来，用孩子的眼光看待世界，这样，你的世界将充满阳光。

▲ 人生不会一帆风顺，把眼光放得长远一些，找到不如意背后那缕灿烂的阳光，一切忧愁自然会被信心所取代。

▲ 对自己说“无所谓”，这并不是让人们用一种不负责任的态度去面对生活，而是想告诉那些想追求幸福生活的人应该怎样面对人生的苦难。“无所谓”换个角度去考虑，就是拥有一种豁达的心境，有了它，脸上才会多几分笑容，人生才会多几分惬意。

▲ 人世间最大的快乐来自知足，善于把握自己所拥有的人，才是懂得生活的人。生活中，许多人身在福中不知福，不重视自己所拥有的，总以为别人的才是最好的，到头来吃苦的还是你自己。

▲ 有人说，寻找幸福是一件困难的事。其实不然，幸福简单得就像一杯白开水，只要你是个有心人，定会体会到其中真正的含义。

▲ 只要生活在社会中，任何人的自由都是相对的。因为每个人

都要遇到伦理、道德、观念、法规的束缚，正所谓，“国有国法，家有家规”。

▲ 幸福生活要依靠自己去创造，大部分痛苦都是由自己无休止的欲望都造成的。因此，要敢于放弃不切实际的欲望，这样幸福的生活就会与你形影不离。

▲ 理想有时候要经受痛苦的打击，痛苦的打击又总能激起美好的理想。没有自己梦想的人是可悲的，不懂得追随梦想，惧怕挫折的人同样可悲，有梦想就应该追随，不怕困难，舍我其谁。

▲ 心态和行为是紧密相连的，积极的心态导致积极的思维和行为，而积极的思维和行为也未必然会养成积极的心态。所以，任何时候都需要保持积极的心态。

▲ 世上能够左右的东西，除了自己的心态别无其他。所以，没有任何东西可以阻挡有正确思维方式的人达到他的目的，也没有任何东西可以帮助有错误思维方式，也就是有不好心态的人一直走下去。

▲ 不勇于道歉的人是心灵的弱者，不屑于道歉的人则缺乏修养，是自私的表现。正视自己的错误，站在别人的角度上思考一下问题，真诚地坦白自己，才会获得宽恕，拥有更多的朋友。

▲ 一个不为别人奉献的人，无权要求别人为他奉献。相互给予对方，各自才会做到生命的丰满；各自想着占有，势必都会为占有不着而打自己的小算盘。所以，以心交心、以爱搏爱，友谊才会天长地久。

▲ 真正的人生属于生活的强者，困苦与不幸对生活的强者是一种财富。不能以坚忍对抗厄运，才会加剧人生的不幸。所以，只有强者才能在有幸与不幸交织的人生中，体会到生活的酸、甜、苦、辣、

咸，才能加倍地珍惜和感激生活。

▲ 天上不会掉“馅饼”，任何机会的降临都需要自己付出艰苦的努力，只有发挥主动性并坚持不懈的人，才能够获得好运气。

▲ 努力、坚持是做事之本，没有这点恒心，总是这山望着那山高，怎能成大事？结果只能在一旁自怨自艾，做任何事情都要有恒心，所有的困难，遇到能坚持到底的人都会望而却步。

▲ 有些人失败以后怨天尤人，不是认为上天不公平，就是觉得机遇与自己无缘。其实，造成失败的主要原因从个人检查，大多是因为自己没有耐性。

▲ 饭要一口一口地吃，路要一步一步地走，任何人都不可能一口气吃个大胖子，所以做什么事情都不要眼高手低，从小事做起，才是硬道理。

▲ 从头开始做起，慢慢提升自己，当你处于谷底已经没有退路时，唯一的出路就是前进，前进，再前进！通过这样的努力，就能获得成功。

▲ 曾经有人说过，无休止地向着一个目标前进，那便是成功的秘诀。因此，不论做什么事，都需要一个坚定的信念，切勿虎头蛇尾、变化无常，虎头蛇尾的结果只有一个：一事无成。

▲ 懒散常常可以影响人的情绪，在日常生活和工作中，能够用较强的自制力去抵制懒散情绪和约束自己的言行也是一种能力，具备了这种能力，成功的灯塔就已照亮了你前进的道路。

▲ 人的一生，真、善、美，假、恶、丑伴随左右。要让你的生命闪光，就需要有敢于吃亏的“傻子”精神，善于钻研的“钉子”精神，艰苦朴素的“补丁”精神，爱岗敬业的“螺丝钉”精神，关心下一代的“园丁”精神。

▲ 居心不正，难有良财。

▲ 正直、坚强、善良等品质，永远是人生航船上的舵。

▲ 心真诚则好运相助，人和善则和平降临。

▲ 柔弱是立身之本，刚愎是惹祸之身。

▲ 示弱不是弱，示强不是强，柔可克刚，刚不能克柔。

▲ 人不要贪，够就行。

▲ 一个诚信的人，就是一个心地善良的人，一个心胸宽阔的人，一个心底坦荡的人，一个能成就事业的人。

▲ 生活是人得以成长的养料，应注意从过去的错误中吸取教训，在以后的生活中不再重蹈覆辙，要知道"往者不可谏，来者犹可追"。

▲ 当你明确了自己的行动思路，并制定了相应的活动目标之后，还有一个最关键的环节，那就是需要将你的目标和规划付诸行动，否则一切都是妄谈。

▲ 凡事喜欢循规蹈矩的人，虽然出不了什么大乱子，但也绝不会有大成就。

▲ 每个人都有自己的生存技能和与之相适应的环境，我们应不断追求更高的目标，但不要脱离实际，要知道有些事别人做起来好像很风光，却可能不适合自己。

▲ 不要以为把孩子送入学校就万事大吉，从某种程度而言，学校只是一条标准化生产线，其他很多工作还需要家长自己根据孩子的特点去做。

▲ 知足者常乐，珍惜现在所拥有的，当你体会到这句话的含义时，你会发现你是世界上最富有的人。

▲ 幸福的人生，要求人们满足当前所拥有的快乐，并将其积攒

起来。蓦然回首,会感到一种前所未有的幸福正包围着你的心,那是人生最大的一笔财富。

▲ 真正的快乐是通过辛苦勤奋换来的,不想通过努力劳动便想达到更高要求,就是贪婪,一旦贪婪产生了,人的幸福也将随之终结。

▲ 一个真正富有的人,必须懂得幸福的真正含义;一个真正富有的人,必须深信自己拥有的东西都是弥足珍贵的,也是值得用心呵护的。

▲ 世界上的事情就怕“比较”二字,当你与比你不幸的人做比较时,你会发现你其实很幸福,当那个比你不幸的人再与其他更不幸的人做比较时,同样会感到自己也在幸福之中。依此类推,其实不幸不属于任何一个人,每个人都是富有的,因为生存本身就是财富,只是要懂得满足。

▲ 珍惜现在所拥有的一切吧！哪怕是简陋的茅舍，破旧的衣着,一杯凉水,一顿粗茶淡饭,一份收入并不丰厚的工作,它们都是你的幸福。

▲ 通过专注你的事业忘掉自我,保持一种泰然自若的心态 ,是克服紧张情绪、战胜自卑心理的法宝。

▲ 驱除心灵的“毒瘤”的最好方法就是,让知足常乐占满你的心房。

▲ 用物质的快乐来满足精神的快乐是不可能的，要想得到幸福、快乐的宠幸,需要用一个良好的心态正确地评价物质快乐与精神快乐间的差别。记住,物质的快乐并不能代替精神快乐。

▲ 表现自己的机会会有很多，关键是看你是否是一个渴望得到机会的人,这样的人随时可以在工作中找到一展才华的时

机。要想在工作中不断获取机会,就要不断地使工作成为自己的兴趣爱好,因为成为个人兴趣的工作可以给你带来快乐,可以帮你走向辉煌。

▲ 不要做逆来顺受的沉默羔羊,那么只会让别人将你遗忘。为了获得更多的机会,必须让别人注意到你的存在,发出自己的声音,创造更多的表现空间。

▲ 兴趣是成功的奠基石,一个人如果能做他感兴趣的事,就算再疲倦、辛苦,他也会怀着充足的兴趣、愉快的心情去做,即使困难重重,也决不会灰心丧气,而是想尽办法去克服。

▲ 每个人的才华、潜能,只有通过大胆的冒险,经历过困难洗礼后才能迸发出来。安于现状,不思进取,没有危机感,不愿拼搏和参与竞争的人,永远也感受不到自己的能力到底有多么强大,时间长了就会造成思维呆滞、反应迟钝的后果。

▲ 在追逐主要目标的过程中, 会有派生出来的次要目标与机遇,大家都在蜂拥而上抢第一落点时选择去抢第二落点,不失为明智之举。

▲ 在现实中,我们做事之所以会半途而废,这其中的原因往往不是因为难度较大,而是觉得成功离我们较远,确切地说:我们不是因为失败而放弃,而是因为倦怠而失败。

▲ 一个人的伟大,首先是灵魂的伟大,其次才是才华的出众以及取得的成就。

▲ 在生活中,太多的人总是抱怨别人对待自己不好,而从不检讨自己的言行,实际上只要你足够宽容、以礼待人,有时甚至连强盗也会被感动,不忍加害于你。理解别人,谅解别人,从别人的立场出发考虑问题,会使你免遭许多麻烦。

▲“以貌取人”是大害，是一部分人的通病，以这种方式为人处世，一定会吃大亏的。

▲谁人人后无人说，谁人人前不说人。如果对他人的议论太过于在意，势必会劳神伤身，那无异与为自己上了一道无形的枷锁。反之，用宽容的态度对待他人的议论，做人轻松了，做事也顺畅了许多，这不失为一种智慧。

▲做人不要总将选择权握在自己的手里，有时也需要将它交给他人，这样做或许能帮你摆脱束缚，这种行为不失为一种大智慧，也是为人处世必须运用的一条良策。

▲看事情，如只看表面而看不到实质，迟早会吃亏。因为表面代表不了事物的本身，只有看透事物的本身，才能做出正确的决断，才知道自己该怎样做。这也是检验一个人品行高低的方法之一，如果一个人品行不好，又怎么在社会立足呢？

▲一个人在无法选择工作时，至少他永远有一样可以选择，就是好好干，还是得过且过。在同一种工作岗位上，有的人勤恳敬业，付出得多，收获也多；有的人整天想调好的工作，而不做好眼前的事。其实，这样的选择决定了将来的被选择。

▲君子之交像水一样淡泊纯净，君子之争既催人奋发向上，又像春风一样温暖，洁净人的胸怀。

▲无私的爱与奉献是人类存在和世界美好的基础，只要有一个正确的大方向，有爱的支持，没有什么是做不到的。

▲人要清楚地了解自己的能力，才能充分地展现自己的才华，才能获得成功，得到别人的认可和重视。否则，会出洋相，自己打自己的脸。

▲欲望是使人对某个东西或某件事产生兴趣的一个因素，而

渴望则是欲望的强烈表现形式。所以说,要想做成一件事,只有普通的欲望是不行的,必须将欲望上升到渴望。只有你渴望成功,才能努力去为之奋斗,奋斗了,才能将自己的才华表现出来,得到他人的认可。

▲ 学习是提高能力的唯一途径,不重视学习的人,体会不到学习的魅力,等待他们的将是庸庸碌碌的人生。想成功的人就必须学习,因为学习能让你得到更多的表现机会,帮助你走进成功的殿堂,成为众人羡慕的焦点。

▲ 机遇对于期待成功的人固然重要，但那不等于在家里坐等着机遇的宠幸。自己去创造机会、把握机会,才能真正地得到机会。要知道,机会只为那些有勇气去尝试,且敢于放低起点重新生活的人,搭建展现自我的人生舞台。

▲ 世界上的事情，最忌讳的就是十全十美。你看那天上的月亮,一旦满圆了,马上就要亏欠,树上的果实,一旦熟透了,马上就要坠落。凡事总要稍留欠缺,才能持衡。

▲ 自己把自己看得越重,世界就会把你看得越轻。

▲ 母亲的品质决定着孩子的未来。一个家庭,哪怕穷得家徒四壁,只要有一个善良、节俭、整洁的女人在料理,这样的家庭仍是心灵的圣堂与快乐力量的源泉。

▲ 人与社会之间应有这样一种良好的互动机制：社会能够有效地帮助需要帮助的人,而最大限度地回报社会,帮助更多需要帮助的人,又应成为成功人士的目标。

▲ 一点点的人情味比十足的精明更容易得到回报。

▲ 一个人的成功有时纯属偶然，可是谁又敢说那不是一种必然。有许多不起眼的小事情,谁都知道该怎样做,问题在于谁能坚持

做下去。

▲ 其实维护自尊的方法很简单，就是要做个懂得礼貌的人。这样在赢得他人尊重的同时，也尊重了自己，自尊心的维护剂就是尊重他人。

▲ 智慧可以告诉人们怎样做一个合格的人，智慧同样可以引导人们怎样将一件事情做到尽善尽美。所以，在处世过程中，千万不可忽视智慧的作用。

▲ 怨恨就像一团乱麻，要想解开，必须要有足够的耐心和善心。心胸狭隘、目光短浅的人，只会用不当的方法将矛盾激化，使矛盾升级为可怕的仇恨。

▲ 任何人都不喜欢被别人当众指责，因为那的确是一件非常难堪的事情。每个人遇到这样的事情都会感到愤怒，但是关键看你怎么对待它，是与攻击者反唇相讥，争个面红耳赤，将矛盾激化，还是把愤怒化为智慧，用它来解决面临的羞辱或尴尬，使攻击者知难而退？当然选择后者才是最明智的。

▲ 有的人说话动听，有的人说话让人生厌，如果你既能把话说得漂亮动听，又能有一颗诚实的心，那么就会使你步入成功的殿堂，也可以让你的生活更精彩。

▲ 锦上添花，顺手捎带地助人固然也是一种美德，但真正考验人格的是能否牺牲自己的利益而助人，能通过这样考试的人，确实难能可贵。

▲ 对为他付出最多的亲人他都漠然置之，谁会指望从他那得到真情的回报，他又何曾会真心帮助别人？因此，对你周围的不肖之子要敬而远之。

▲ 记住别人对我们的恩惠，洗去我们对别人的怨恨，在人生的

旅途中才能自由地翱翔。

▲ 树欲静而风不止，子欲养而亲不待。你等得起，你年迈的父母却等不起。

▲ 随机应变是摆脱困境的良方，但随机应变的能力并不是每个人都具备，它要求人们必须要有一个良好的心理素质，只有做到临危不乱，才能想出摆脱困境的方法。

▲ 随着时代的不断进步，人际交往也逐渐复杂起来，随时都可能发生一些令人难以预料的情况，要想给他人留下良好的印象，就必须具备一些能够化解危机的智慧。有人会问，怎样才能做到这一点呢？其实用幽默的调侃化解尴尬的场面，不失为一个良策。

▲ “人之初，性本善。”的确如此，可是人性有善恶两个方面，关键是要看是善遮盖了恶，还是恶吞食了善，这也是好人与坏人的区别所在。

▲ 对于真正享受生活的人来说，任何不需要的东西都是多余的，他们是不会去背这个愚蠢的包袱的。

▲ 穷开心，也是开心，不要按别人的标准开心。

▲ 心中有美，才能看到窗外的美。

▲ 排除掉自己生活中的电阻，也不要让自己成为社会生活中的电阻。

▲ 虽说大礼不辞小让，可许多生活中的细节都不仅仅是自己一个人的事，它关系到别人的利益和整个社会的秩序和风气，同时也是自身教养的充分展现。

▲ 很多偶然的因素，其实都有必然的原因。一般而言，心有静气，善于控制自己情绪的人，极少出差错。

▲ 现实生活中，人人都有这样或那样的缺点，但是人们一定要

正视和善待自己的缺点，更要容忍他人的缺点。

▲ 生命中的每一天都阳光灿烂，值得你微笑地度过每一秒，请珍惜你现在拥有的宝贵时光吧！

▲ 出于本性，人的内心深处多多少少会潜藏着恐惧，一部分是因为自己的怯懦而产生的，另一部分是由外部的因素造成的，这些恐惧给人的成长道路投入了太多的阴影，如果我们去直接面对迎接它，就会发现其实它并不可怕。

▲ 在许多看似巨大的困难面前，只要拿出勇气去面对，你会发现，它不过是只“纸老虎”，经不起你勇敢、顽强的对抗，它并没有你想象的那样可怕。

▲ 迷惑时，我们失去所有时间；开悟后，我们拥有一切世界。

▲ 停，不是止步，是要我们不可莽撞；听，不只听音，是要我们辨别好坏；看，不仅看路，是要我们认清世界。

▲ 福莫享尽，要留余德；势莫使尽，要留余力；话莫说尽，要留余地；事莫做尽，要留余路；情莫散尽，要留余韵；心莫用尽，要留余量。

▲ 悲己愚人非愚人，自知愚拙，会力求上进；自称贤者愚中愚，自认贤能，将停止成长。

▲ 欢喜用心，则时时眉开眼笑；欢喜待人，则到处无往不利；欢喜利世，则遍地是净莲；欢喜修行，则满心是自在。

▲ 忙多一点，欢喜也会随之多一点。人生的意义就是在忙工作、在为人民服务中获得。

▲ 精进勤劳，是善德，是财富；懈怠放逸，是罪恶，是贫穷。

▲ 行为的规范，是在道德，道德的实践，却在行为。

▲ 做人要能被利用，才是有用之人；物品要能被使用，才是贵

重之物。

▲ 逆境，是磨炼意志的大熔炉；困苦，是完成人格的催化剂；信心，是达到目的的原动力；理想，是建设人生的指南针。

▲ 在团体中需有整体的观念，不可强调本位主义，不能与别人合作，就会分化彼此的力量。

▲ 生活艰难时，要面对它；生活辛苦时，要体验它；生活清闲时，要计划它；生活满足时，要享受它。

▲ 不怀恨，不怨尤，就会少烦少恼；不计较，不比较，必然多助多缘。

▲ 自尊要防止傲慢，傲慢不能进步；自谦要防止自卑，自卑不能成功。

▲ 心中有偶像，能启发见贤思齐的能量；眼前有目标，能激发勇往直前的力量。

▲ 爱护世间的感情，就要惜情；爱护大众的力量，就要惜力；爱护同体共生的万物，就要惜物；爱护得来不易的福报，就要惜福。

▲ 眼睛不要只看别人，要反观自己；嘴巴不要只说别人，要检讨自己。

▲ 人生的道路，无论崎岖平坦，都要自己去走；人生的滋味，不管酸甜苦辣，都要自己品尝。

▲ 人生之所以苦恼：有的对苦乐太计较，被苦乐所牵制；有的对荣辱太计较，被荣辱所牵制；有的对得失太计较，被得失所牵制。

▲ 活，是精神和生命力的展现；活，是慈悲和忍耐力的诠释。当个会笑的活人，才能拥有世界。

▲ 谦退是保身第一法，傲易伤身；涵养是待人第一法，粗鄙易伤人；安详是处事的第一法，急躁易坏事；恬淡是养心的第一法，贫

欲易染心。

▲ 唯有在镇静中，才能想出应付事变的方法。有智慧的人，越是紧急的时候，越能镇静沉着。

▲ 有同情心，才能利人；有体谅心，才能容人；有忍耐心，才能做人；有慈悲心，才能度人。

▲ 心怀嗔恨、傲慢、成见的人，纵天降甘露，也难入其心；心存慈悲、谦虚、宽和的人，纵灾难临头，亦难摧其志。

▲ 多闻不如多见；多言不如多行；多疑不如多问；多虑不如多防。

▲ 乐观如明灯，照亮希望的前程；消极如毒品，腐蚀健康的心灵。

▲ 面对阳光，就会看不到阴影，积极的人生观就是心里的阳光。

▲ 气大伤身，生气是用他人的过错惩罚自己，不但对自己的身体无益，还可能伤害到与他人之间的感情。总而言之，生气对人来说没有任何益处。所以，为了充分享受生活中的快乐，寻找到一种适合自己的宣泄方式是很必要的。

▲ 钱都是辛苦赚来的，不劳而获也是可能的，但挥霍浪费都是不应该的。当然，这里不是主张将赚来的钱分文不动地存进银行，而是想告诉人们一个花钱的道理，当用则用，当省则省。

▲ 思考问题需要有一个度，有些事不必想得太远，否则问题就会变成无休止的压力，忧愁与烦恼自然接踵而来。适当地为大脑放个假，将不该挂念的事放一放，心情才能平静，生活才能安宁。

▲ 人的一生，有得必有失，有盈必有亏，所以说，得与失是没有标准的。自古以来就有鱼和熊掌不可兼得这一说法，只要你合理地

放弃一些东西，就能收获更珍贵的东西。

▲ 任何一个苦难和问题的背后，都有一个更大的祝福。

▲ 不要幻想那种圆圆满满的生活，也不要幻想生活中的每一天都阳光明媚，每个人在人生的道路上，注定要经历艰难困苦的考验，品尝酸甜苦辣咸这人生五味。其实，苦难重生后就是幸福，只要能笑看人生，即使是凄风苦雨又能如何?

▲ 获得美好的生活，需要人们对未来充满希望，无论面对困难，还是挫折，都不能浇灭心中的希望，无论源于自身的灾难是如何巨大，通过努力一定可以开辟出一条新的道路。

▲ 现实生活中，许多人喜欢回忆过去，当然，不能说这个习惯是一个坏习惯，但绝对不是一个好习惯。因为，过去所发生的一切，都不能决定你的未来，所以，在漫漫的人生道路上，要永远向前看，不要总回头。

▲ "三人行必有我师焉。"不要小看身边的任何人，才能发现真正的千里马。

▲ 人生如果失去了闲暇，只是一味地工作，生活就没有什么情趣可言了。给自己留点自由呼吸的空间，生活才会色彩斑斓。

▲ 患得患失前路窄，心底无私天地宽。

▲ 慈悲不是用来衡量别人的尺度，而是身体力行的道德；慈悲不是用来沽名钓誉的工具，而是真心关怀的流露。

▲ 能够接受教诲，勇于认错的人，大都进步得快。总觉得自己有理，死不认错的人，往往原地踏步。

▲ 谦冲鲜招忌，忍让少树敌；淡泊无得失，宽容绝恩怨。

▲ 对健康的生命而言，任何多余的东西就是负担。

▲ 一个人关心别人的处境和尊严，必是出于自己内在的尊严

体验。

▲ 真情是为人处世的王牌，可以在成功道路上助你一臂之力，关键看你是否善用。

▲ 守时是最大的礼貌。

▲ 节省时间就是延长生命。

▲ 美德有如名香，经燃烧或压榨，而其香愈烈。

▲ 以德胜人增荣，以力胜人招恨。

▲ 人家帮我，永志不忘；我帮人家，莫记心上。

▲ 把心放平，生活就像一泓平静的水；把心放轻，人生就是一朵自在的云。

▲ 你若希望掌控未来，那就必须把握现在。

▲ 多数的错与失，多因为不努力、不坚持、不挽留。

▲ 当你最终放开了过去，更好的事就会来临。

▲ 低调的基础是随时都能高调。

▲ 情绪控制五步法：愤怒不见人、见人不说话、说话不议论、议论不决定、决定不行动。

▲ 弱者的心态，特别夸大自己的成绩，特别不包容别人的差异，特别在意别人对自己的评价。

▲ 替别人着想，为自己而活，这才是完美人格。

▲ 人生只有限期，没有界线。

▲ 老年十忌：一忌话多，二忌卖老，三忌僵化，四忌不服老，五忌无所事事，六忌提当年勇，七忌自我封闭，八忌叹老嗟贫，九忌老想到死，十忌愤世嫉俗。

▲ 用自己的逆境与别人的顺境对比，是糊涂；用自己现在的逆境同自己以往的顺境相比，是愚蠢；用自己的逆境和他人的逆境相

比，是卑微。

▲ 这个世界越来越复杂了，你要面对它，最简单的方法是，把自己的心变得越来越简单。

▲ 想把别人推进地狱的人，多半自己也住在地狱里。

▲ 怎样才算内心强大：不自卑；能够看穿他人的表演以及一些圈套；能够控制自己的情绪，冷静应付，不为环境和他人所操纵，并且能快速地做出判断；在很大的打击面前，能够短时间恢复理智，从未被什么击倒过；在最艰难的日子里，一直坚守自己内心的信念，不动摇；不患得患失；能理性地梳理、分析、客观看待与自己有利害关系的事情；对自己适合做什么，有什么潜力，是个什么的人，有一个准确的认知；宠辱不惊。达到上述九个指标，你就能不再受心理脆弱的困扰，就有了足够的心理优势和理性思考能力，去应对各种挑战。

▲ 缺乏交往的生活是一种缺陷，缺乏独处的生活则是一种灾难。

▲ 人生要过好三关：第一是"掉头关"，就是为了信仰，不惜牺牲自己的生命；第二是"埋头关"，就是埋头工作，默默付出；第三是"出头关"，就是革命成功后，一定不能被胜利冲昏头脑。

▲ 心理成熟的几个重要标志：不再盲目跟风；不再犹豫不决；能合理安排时间；开始关心时事国事；开始养生；在爱情、友情、亲情之间，先想到亲情；不再用哭闹解决问题；重视身边的朋友；让周围的人快乐；在得失方面变得大度；学着尊重每个人；自信地生活；笑对仇恨。请看一看，自己还有多少差距？

▲ 只有两种人最具有吸引力，一种无所不知的人，一种是一无所知的人。

▲ 人生最大的痛苦，是"想得到"和"怕失去"；人生最大的践行

是“管住嘴”和“迈开腿”；人生最大的见地是“没什么”和“算了吧”；人生最大的彻悟是“怎么来”和“怎么去”；人生最大的幸福是“已身安”和“心亦宽”。

▲ 被误解时能微微一笑，是一种素养；受委屈时能坦然一笑，是一种大度；吃亏时能开心一笑，是一种豁达；无奈时能达观一笑，是一种境界；危难时能泰然一笑，是一种大气；被蔑视时能平静一笑，是一种自信。

▲ 得意，失意，切莫在意；顺境，逆境，切莫止境。

▲ 拿出时间与你珍惜的人好好相处，也是一种幸福。

▲ 唯有获得心灵的宁静，才能拥有真正的生活，也才能不再为烦恼所忧。

▲ 哈佛调查报告说：许多人平均一辈子只有七次决定人生走向的机会，两次机会间相隔约七年，大概二十五岁以后开始出现机会，七十五岁以后就不会再有什么机会了。这五十年里的七次机会，第一次不易抓到，因为太年轻，最后一次也不易抓到，因为太老，这样只剩五次了，这五次机会可能又有两次不小心错过了，所以实际上只有三次机会，一定要善于把握。

▲ 言辞越空洞，观点就越复杂。

▲ 对未来是否真正慷慨，是把一切献给现在。

▲ 不满他人，怀疑他人，苛求他人，仇视他人，敌对于他人，最终成为孤家寡人。

▲ 有油水的地方滑。

▲ 雄心的一半是耐心。

▲ 做人要像走路，后脚抬，前脚放；做人要像走路，能前行，知退让；做人要像走路，能疾步如飞，能戛然而止。

▲ 青年必须要知道的三条基本道理：学历是铜牌，能力是银牌，人脉是金牌，思维是王牌；成功的人不是赢在起点，而是赢在转折点；不要活在别人的嘴里，不要活在别人的眼里，而要把命运握在自己手里。

▲ 沉默有两种：理解、原谅、包容；懦弱、附和、没主见。可惜的是，人们往往看到的是第二种。

▲ 眼睛能看到的地方叫视力，眼睛看不到的地方叫眼光。

▲ 注意力对人来讲，就像阳光。注意所及之处就成长，忽略就枯萎。

▲ 人为何活得累：一、太看重位子；二、总想着票子；三、倒腾着房子；四、假装着君子；五、思谋着裙子；六、总划着圈子；七、放不下架子；八、眷顾着孩子；九、还要装孙子。

▲ 礼貌像只气垫，里面可能什么也没有，但却能奇妙地减少碰撞。

▲ 欣赏别人的长处；包容别人的短处；记住别人的好处；承担别人的难处。

▲ 可进可出，若即若离，可爱可怨，可聚而不可散，才是天长地久的好朋友。

▲ 如果你认为自己是废物，那你就会变得更像废物。因此，用一堆半真半假的话来安慰自己，比做什么效果都好。

▲ 忙时井然，闲时自然，顺多偶然，逆多必然，得之坦然，失之怡然，捧则淡然，贬则泰然。悟通"八然"，此生悠然。

▲ 好好地活着，高尚地活着，等你年老回忆往事时，你就能再享受一次人生。

▲ 人可不识字，但不可以不识人。

▲ 聪明的人不总是沉默，但他们知道什么时候沉默。

▲ “善良”是聋人能听懂、盲人能读懂的一种语言。

▲ 成功其实很简单，就是当你坚持不住的时候，再坚持一下。

▲ 没有学问的人，并非肚里没有道理，脑子里没有理论，而是心里没有问题。

▲ 财富不是一辈子的朋友，好朋友是一辈子的财富。

▲ 选对好配偶，幸福一辈子；选对好老师，智慧一辈子；选对好环境，快乐一辈子；选对好行业，成就一辈子。

▲ 居家四败：妻女奢淫者败，子弟骄怠者败，兄弟不和者败，侮师慢客者败。

▲ 有一份谦让，便有一分收益；有一份骄矜，便有一分挫折。

▲ 从一个人干小事的习惯和思路上，可以窥视其能否干大事。

▲ 干活时忘了自己的人，所做的事情才会被别人记住。

▲ 从一个失败走向另一个失败，而又没有失去热情，这就是成功的过程。

▲ 我们做事情，往往不是因为困难而胆怯，而是因为胆怯而困难。

▲ 知识不能等同于智慧，前者教会你如何生存，后者教会你如何生活。

▲ 帮助了别人要忘记，对不起别人要记住。

▲ 未来的文盲不再是不识字的人，而是没有学会怎样学习的人。

▲ 人们最好在运筹帷幄时胆小一些，并能想到所有的不良后果，但在必须行动的时候，便要大胆敢为。

▲ 名望一闪即逝，钱财振翅而飞，走红是个意外，长久唯有

品格。

▲ 从容淡定是一种心境，是一种态度，也是一种高度。

▲ 高潜力人才的一个典型特征，就是永不满足现状，不断挑战更高的目标。

▲ 敢于当一回傻瓜，是成为聪明人的第一步。

▲ 人的心如果装的都是对昨天的悔恨和对明天的担忧，就装不进对今天的感恩。

▲ 写好一个“人”字需要两笔，但做好一个人却需要一辈子，还不一定能够做好。

▲ 有了过错是暂时的遗憾，而错过良机则是永远的遗憾。

▲ 管好自己的嘴巴，不要渲染自己，更不要妄议别人。渲染自己往往会变得自大虚伪，在名不符实中失去自己，妄论别人则会使自己在鸡毛蒜皮的是非口舌中纠缠不清。

▲ 牢骚不总是正确的，认真对待牢骚却是正确的。

▲ 最幸福的人不是最容易挣到钱的人，而是最爱笑的人。

▲ 承认自己能力有限的人，离完美就不远了。

▲ 压制不同声音的蠢人，从未将世界变成哑巴，倒是让自己成了聋子。

▲ 天下事，以难而废者十之一，以惰而废着十之九。

▲ 点破真理，有时一句话就够了，而圆一个谎言，有时用上一百句话也遮不住破绽。

▲ 你的一生中，可以有所作为的时候只有一次，那就是现在。

▲ 一个人要知道自己的位置，就像一个人知道自己的脸面一样，这是最为清醒的自觉。

▲ 成功的人做别人不愿做的事，做别人不敢做的事，做别人做

不到的事。

▲ 位置可以增加人的权力，但增加不了权威；位置可以增加人的能量，但增加不了能力；位置可以增加人的知名度，但增加不了知识。

▲ 人的生活中有二十个好：

1. 钱多钱少，够吃穿就好；
2. 人丑人美，顺眼就好；
3. 人老人少，健康就好；
4. 家富家贫，和气就好；
5. 老公晚归，回家就好；
6. 老婆唠叨，顾家就好；
7. 孩子从小，就要学好；
8. 长大以后，懂事就好；
9. 博士也好，卖菜也好，能干工作就好；
10. 房屋大小，能住就好；
11. 名不名牌，能穿就好；
12. 两轮四轮，能走就好；
13. 条件不好，能忍就好；
14. 不太迂腐，放下就好；
15. 人的一生，平安就好；
16. 谁是谁非，天知就好；
17. 很多事情，看开就好；
18. 你好我好，世界更好；
19. 千错万错，知错就好；
20. 千好万好，知足就好。

▲ 你能做的最大的社会公益，根本不关钱的事，只需要管好你自己，照顾好家人，对他人微笑。

▲ 在正常情况下，有超常发挥叫优秀；在超常情况下，有正常发挥那才叫卓越。

▲ 留下身后之财，是智者不为的事。凡想于身后留给某人的东西，最好在世的时候就给他。

▲ 说一遍是陈述，说两遍是反复，说三遍是排比，反反复复地说个没完是废话连篇。

▲ 把弯路走直的人，是聪明的人，因为他找到了捷径；把直路走弯的人，是豁达的人，因为他多看了几道风景。

▲ 如果你独自一个人笑了，那是真心的笑。

▲ 把自己压低的人，会得到别人的尊敬。

▲ 成全对方的心愿，也就是在成全自己。

▲ 错误是我们一生中必须交纳的费用。

▲ 外貌不能决定命运，决定一个人命运的，往往是他的个性。

▲ 友情至高无上，包括欣赏朋友的长处，指出朋友的短处，体谅朋友的软弱，为朋友的需要祈祷。

▲ 行走的人，无论如何都能到达静止的目标。

▲ 愚人除境不除心，智者除心不除境。

▲ 如今，人们不甘心做一个普通的人，而是争先恐后地想成为“人物”，这时“人性”少了，“物性”多了。

▲ 人生的最大幸福是你心安，也心宽。

▲ 成大功者，不顾小嫌；建远略者，不期近效。

▲ 不违背承诺的最好办法，就是不许诺。

▲ 不会放弃的人，永远无法获得；怀旧的人，不知道什么叫

眺望。

▲ 要使人成为真正有教养的人，必然具备三个品质：渊博的知识、思维的习惯和高尚的情操。知识不多，就是愚昧；不习惯于思维，就是粗鲁与莽撞；没有高尚的情操，就是卑劣。

▲ 善意是一扇门，人与人相处，如果关闭这扇门，就等于堵死自己的路；如果时时敞开这扇门，就等于为自己找寻到一片广阔的空间。

▲ 脾气和嘴巴不好，心地再好也只算是个打七折的好人。

▲ 不要争面子，争来的是假的，培养出来的才是真的。

▲ 不要操心和烦心，要用心。

▲ 知识是一个积累的过程，智慧是一个简约的过程。

▲ 事是不分大小的，复杂的事情简单做，简单的事情认真做，认真的事情反复做，争取做到最好。

▲ 愚蠢一旦与固执联姻，便会产生无数的悲剧。

▲ 后悔与其说是一种毛病，不如说是一种醒悟。

▲ 被人踩一脚，不必耿耿于怀；被人扶一把，不可转身遗忘。

▲ 有远见者，看未来而不看眼前；

有抱负者，积德业而不积盛名；

有作为者，争千秋而不争一时；

有宏愿者，为大众而不为自己。

▲ 一个人如果怕吃亏，怕吃苦，则成事就有限。每件事的成功都有过程，就要耐烦、耐久、耐屈、耐苦、耐心。

▲ 人要断恶修身，人要舍己为人。

▲ 尊重别人，就是尊重自己；帮助别人，就是帮助自己。

▲ 常怀律己之心，常怀修德之念。

▲ 舍得，有舍才有得。

▲ 不执着、不强求、不偏倚。

▲ 人生要有三知：知人、知己、知势；

人生要有三思：思危、思退、思变；

人生要有三立：立德、立言、立功；

人生要有三为：和为贵、善为本、诚为先；

人生要有三不贪：不贪财、不贪名、不贪色；

人生要有三福：平安是福、健康是福、吃亏是福。

▲ 人要做到"五忽""四择"。

"五忽"是：勿吐无益身心之语，勿为无益身心之事，勿近无益身心之人，勿入无益身心之地，勿展无益身心之书。

"四择"是：择善事而做，择善言而听，择善书而读，择善友而交。

▲ 宽容也是一种幸福。

▲ 大辩不言，无视就是反击。

▲ 海纳百川，才能成大事。

▲ 做自己意见的主人。

▲ 孝之以顺，不如孝之以敬。

▲ 守住手中的幸福。

▲ 赞叹自己、毁谤别人是"重戒"。

▲ 违背规律，不叫自由，叫作乱。

▲ 爱是最高的人性原则。

▲ 智者以知，了解一切。

仁者以爱，包容一切。

▲ 无争是宽大视野、包容心量的呈现。

▲ 吃亏能教人谨慎。

▲ 容人不是处，自无纷争。
忍已难过处，自无怨言。

▲ 民无信不立，业无信不兴，国无信不安。

▲ 人间岁月闲难得，世上知交老更亲。

▲ 人要懂忍让、谦让、礼让。

▲ 做人要低调一些，简单一些，自然一些。

▲ 切勿身在福中不知福。

▲ 没有规矩，不成方圆。

▲ 拥有就是快乐。

▲ 别在这山望着那山高。

▲ 不要期待天上会掉馅饼。

▲ 生活中容不得假如。

▲ 做事不可虎头蛇尾。

▲ 世界上的烦恼，本是平庸之人自扰。

▲ 珍惜现在，活出人生本色。

▲ 无愧于事，不如无愧于身；
无愧于身，不如无愧于心。

▲ 不要让过去成为将来的绊脚石。

▲ 抛弃妄念，无欲则刚。

▲ 人生如局，爱拼才会赢。

▲ 命运难定，全在自己书写。

▲ 用理智的缰绳驾驭情感。

▲ 意有所在，而爱有所往。

▲ 勿以得失计输赢。

▲ 看事不要看表面，要看实质。

▲ 敬业是快乐的源泉。

▲ 心动不如行动。

▲ 世上无难事，只要肯登攀。

▲ 别让自私毁了自己。

▲ 学会随遇而安，在平淡中享受人生。

▲ 人贵有自知之明。

▲ 贪婪是一剂毒药。

▲ 人不可抱有欺人之心。

▲ 要善于借势，乘势而上，因势而为，顺势而动。

▲ 攀比不会得到幸福。

▲ 走自己的路，让别人去说吧。

▲ 要学会看清自己，不要小看身边的人。

▲ 与人为善，才能和谐相处。

▲ 将眼光放得长远一些，即使眼前路窄，人心也要宽。

▲ 心平气和对待每一种境遇。

▲ 别让你不能做的事，干扰了你能做的事。

▲ 没有耐心等待成功的到来，只有用耐心去面对失败。

▲ 做了好事应当赶紧忘掉，否则就会自寻烦恼。

▲ 人生如故事，重要的并不在于有多长，而在于有多好。

▲ 太看重自己，就看不清自己。

▲ 烦恼是自找的。

▲ 善待他人，就是善待自己。

▲ 失败乃成功之母。

▲ 记住该记住的，忘掉该忘掉的。

▲ 忍一时风平浪静，退一步海阔天空。

▲ 有一种智慧叫低调。

▲ 人得意时，要淡然坦荡；失意时，要泰然若素。

▲ 不要总回头看，要学会向前看。

▲ 德才兼备是精品，德大才疏是正品，德才平平是产品，有德无才是半成品，有才无德是危险品，无德无才是废品。

▲ 有志者事竟成，无志者万事空。

▲ 不为名所累，不为利所缚，不为情所忧，不为欲所惑。

▲ 权大不忘责任重，位高不改公仆心。

▲ 有才不在官大小，无才枉受俸禄恩。名位利禄皆为身外之物，品格事业才是立身之本。

▲ 爱情需要勇气，友情需要义气，亲情需要和气，干活需要力气，事业需要运气，生活需要好脾气。

▲ 勇气是控制恐惧心理，而不是心里毫无恐惧。

▲ 怨不能解怨，但宽容却能。

▲ 观察事物，角度往往比距离更重要。

▲ 悠闲是痛苦的终结，痛苦是悠闲的代价。

▲ 事有小功不窃喜，情有大失不自伤。

▲ 门多了，举手迟疑；路多了，迈步踌躇。

▲ 世上只有两种人永远在原地踏步，一种是不听命行事的人，另一种是只听命行事的人。

▲ 变老并不等于成熟，真正的成熟在于看透。

▲ 读书，仍然是最实惠的智慧取得方式。

▲ 让沉默去拒绝一切，让微笑去掩盖所有。

▲ 人生的长度不一，但宽度可以无限。

▲ 做学问有章法，要循序渐进；过日子有深浅，须诗意从容。

▲ 当你想丢掉点什么东西时，请想想，千万不要丢脸。

▲ 贫穷，身体弱，学习能力差，大凡是人成功的源泉。贫穷让人勤奋，身体弱让人明白健康的重要性，而学习能力差则让人明白要向所有人学习。

▲ 有大气象者，不讲排场；讲大排场者，露小气象。

▲ 有的人在痛苦中丧失斗志，迷失方向，丢失信念，有的人在痛苦中获得思想，前者碌碌无为，后者必定成就事业。

▲ 不要求，则心安；不妄为，则身安。

▲ 得而不喜，失而不忧，内心宁静，则幸福常在；成功不骄，败而不馁，心灵和谐，则快乐成长。

▲ 一个人的快乐，不是因为他拥有的多，而是因为他计较的少。

▲ 天不助不愿作为的人。

▲ 做人做事多问问自己的良心，而不是老去关注众人是否给你掌声。

▲ 意见不一致时，可以据理力争，但不要恶语相向。

▲ 凡人之所以为凡人，遇事总喜欢求人，往往是求人不如求己。

▲ 第一珍贵是生命，第二珍贵是健康，第三珍贵是心情。

▲ 聪明的人造就机会多于碰到机会。

▲ 一切的狡辩都源于内心的虚伪。

▲ 贪得越多，活得越累。

▲ 人的心灵就像一面镜子，你感知到的是什么样的世界，取决于你如何看待自己。

▲ 财聚则人散，财散则人聚。

▲ 言必称我，是做人的大忌。

▲ 大功德不是人人可做，但小功德却可勉力而为。

▲ 经常看别人不顺眼，可能是自己的修养不够。

▲ 大凡人认为自己了不起的时候，危险也就悄悄地降临。

▲ 生命如同寓言，其价值不在长短而在内容。

▲ 做对的事情，比把事情做对更重要。

▲ 有时，智慧的表现不是因为高智商，而是缘于低姿态。

▲ 读书不向自家身心下功夫，虽读尽天下书也无益。

▲ 人生有两出悲剧，一种是万念俱灰，另一种是踌躇满志。

▲ 自卑是自己的影子，当我们头顶一轮自信的太阳，自卑就会在我们的脚下荡然无存。

▲ 尊重自己不理解的事情，这样的人是智者；推荐自己比不上的人才，这样的人是贤人。

▲ 成功的实质就是获得自由，就是当你想当的人，做你想做的事情，去你想去的地方，说你想说的话。

▲ 被埋没的英雄还是英雄，发迹的小丑还是小丑。

▲ 小人以己之过为人之过，每怨天而尤人；君子以人之过为己之过，每反躬而责己。

▲ 变来变去不叫创新，没有方向不叫进步，只破不立不叫发展。

▲ 生活中重要的不是凯旋而是奋斗，其精髓不是为了获胜，而是使人类变得更勇敢、更健壮、更谦虚谨慎和落落大方。

▲ 人生最难的两个字，即选择、活着、快乐、责任、坚持、逃避、放弃、成功、等待、背叛、尝试、承诺、相爱、原谅、相处、忘记。

▲ 人生有双宝，结交两个好友：运动场，图书馆；配备两个医生：运动、乐观；练好两种本事：做人，做事；多吃两样东西：吃亏，吃苦；拼建两个支柱：人文知识，科学素养；追求两个一致：兴趣与事业一致，爱情与婚姻一致。

▲ 对于要检查别人心灵的人，他要具备三样东西：知识、仁慈和胆量。

▲ 胜者注视的是问题的答案，而败者只看到答案的问题；胜者往往是答案的组成部分，而败者往往是问题的组成部分；胜者有计划，败者有托词；胜者常说：虽有困难，还是办得到，败者常说：虽然办得到，但是太困难。

▲ 无论你犯了多少错，或者你进步得有多慢，你都走在了那些不曾尝试的人前面。

▲ 一流智慧碰撞思想，中等智慧就事论事，三流智慧说三道四。

▲ 智慧就是懂得该忽略什么的艺术。

▲ 人誉我谦，又增一美；自夸自大，又增一毁。

▲ 一个人的成就，永远不会超越自己思想的格局。

▲ 知音，不需多言，要用心去交流；友谊，不能言表，要用心去品尝。

▲ 值得做的事，都值得一做再做。

▲ 腾不出时间睡觉的人，迟早会腾出时间生病。

▲ 不要用你的未得到破坏你的已拥有。

▲ 吃亏是走向伟大的第一步。

▲ 人有三种东西是无法隐瞒的——咳嗽、贫穷和爱，你想隐瞒，却欲盖弥彰；

人有三样东西是不该挥霍的——身体、金钱和爱，你想挥霍,却得不偿失;

人有三样东西是无法挽留的——生命、时间和爱,你想挽留却渐行渐远;

人有三样东西是不该回忆的——灾难、死亡和爱，你想回忆,却苦不堪言。

▲ 诽谤别人,就像含血喷人,先污染了自己的嘴巴。

▲ 不要将心思花在别人身上,不要探听别人的事情,也不要对别人任意猜度。

▲ 只为成功找方法,不为失败找理由。

▲ 朋友就是把你看透了,还能喜欢你的人。

▲ 傻瓜和聪明人都是同样无害的,最危险的是半傻不傻、半聪明不聪明的人。

▲ 命运就像手掌,虽掌纹曲折,却掌握在自己手中。

▲ 嫉妒表面上是对别人的不满，实际上反映的是对自己的不满。

▲ 人生就是为了笑起来,其他都是细枝末节。

▲ 不要总觉得被轻视,先问问自己有没有分量。

▲ 贫不足羞,可羞是贫而无志。

贱不足恶,可恶是贱而无能。

老不足叹,可叹是老而无品。

死不足惜,可惜是死而无补。

▲ 就人性来说，唯一的向导就是人的良心；就死后的名声而言,唯一的盾牌就是廉洁的行为和真挚的感情。

▲ 学习的痛苦是暂时的,未学到的痛苦是终生的。

▲ 学习并不是人生的全部，但连人生的一部分——学习也无法征服，还能做什么呢？

▲ 谁也不能随随便便地成功，成功来自彻底的自我管理和毅力。

▲ 投资未来是忠于现实的人。

▲ 没有艰辛，便无收获。

▲ 用中庸拒绝极端，用务实发挥影响，用冷静选择决策，用自觉端正态度，用勇气抛弃包袱，用真心追随智慧。

▲ 无视过去，就看不到将来。

▲ 嫉妒常常比仇恨更加难以和解。

▲ 平安是幸，知足是福，清心是禄，寡欲是寿。

▲ 人活着，要做到常看：德业常看，胜如我者，则愧愤日增；福禄常看，不如我者，则怨尤自息。能体上句，则学问愈精；能体下句，则快乐无穷。

▲ 持己待人，立身当高一步，处人当下一步；处世，让一步为高，退一步即成进步的资产；待人，宽一分是福，利人实为利己之根基。

▲ 安详是应事第一法，
涵容是待人第一法，
谦逊是护心第一法，
忍耐是息事第一法，
洒脱是保身第一法。

▲ 耳不妄听，目不妄视，口不妄言，心不妄虑。

▲ 一家之计在于和，一生之计在于勤，一年之计在于春，一日之计在于寅。

▲ 见人不是处，只消一个“容”字；见己难过处，只消一个“忍”字。

▲ 心不妄念，身不妄动，口不妄言，君子所以存诚；内不欺己，外不欺人，上不欺天，君子所以慎独；不愧父母，不愧兄弟，不愧妻子，君子所以宜家；不负天子，不负生民，不负所学，君子所以用世。有此不妄、不欺、不愧、不负，才不虚此生。

▲ 人要端心术，做到：心术宜正大，不宜偏私；心术宜宽宏，不宜刻薄；心术宜诚实，不宜诈伪；心术宜谦逊，不宜狂妄。

人要端品行，做到：品行宜廉洁，不宜贪污；品行宜爱惜，不宜菲薄；品行宜端庄，不宜轻佻；品行宜朴实，不宜虚浮。

人要端学问，做到：学问宜沉潜，不宜浮躁；学问宜落实，不宜剽窃；学问宜静养，不宜奔兢；学问宜勤苦，不宜安逸。

▲ 要谦虚待人，要诚信待人，要友爱待人，要宽容待人，要友善待人。

▲ 人活着，要努力做到“十要”：

于见善时要行得；

于过失时要改得；

于贫穷时要耐得；

于辛苦时要受得；

于拂意时要忍得；

于烦恼时要遣得；

于私欲时要遇得；

于言语时要检得；

于浓烈时要淡得；

于久远时要恒得。

人能守住此“十要”，一生快乐无余。

▲ 人一生的荣耀，不是看你身份的高低与贵贱，而是看你为国为民的业绩。

▲ 人有多种选择，最大的选择是在善恶之间。

▲ 人要学会赢，也要学会输，赢不喜，输不羞，敢拼才会赢。

▲ 不经风雨，就见不着彩虹。

▲ 怀抱有多广，成就就有多大。

▲ 自信自励，与人与事皆和谐。

▲ 在吃亏后幸福，于大舍处大得。

▲ 实践是为人之道。

▲ 人要学会包容，要有涵天容地的宽厚大度之心，要有告别浮躁的从容淡定之心，要有心境安然的返璞归真之心，要有以天地为楷模的宽容博爱之心。

▲ 羞耻是一种道德良心，是人之为人的道德底线。

▲ 成绩似水，水成无边才叫海；团队如山，山有顶尖才为峰。

▲ 什么是失败？放弃就是最大的失败。什么是坚强？经历许多磨难、委屈、不爽，你才知道什么叫坚强。你的职责是什么？比别人多一点勤奋，多一点努力，多一点理想，这就是你的职责。傻瓜用嘴讲话，聪明人用脑袋讲话，智者用心讲话。

▲ 沉得住气，弯得下腰，抬得起头。

▲ 在你生命的最初三十年中，你养成习惯；在你生命的最后三十年中，你的习惯决定了你。

▲ 大智者必谦和，大善者必宽容。唯有小智者才咄咄逼人，小善者才斤斤计较。

▲ 自负太高，反对太多，商议太久，行动太迟，后悔太早。

▲ 不敢说出真话是个人的耻辱，不能说出真话是时代的耻辱。

▲ 骄傲与谦卑未必是反义词，有高贵的骄傲，便是面对他人的权势、财富和长处不卑不亢；也有高贵的谦卑，便是不因自己的权势、财富和长处傲视他人；它们是相通的。同样有低贱的骄傲，便是凭借自己的权势、财富和长处趾高气扬；也有低贱的谦卑，便是面对他人的权势、财富和长处奴颜婢膝；它们也是相通的。真正的对立存在于高贵和低贱之间。

▲ 鼓励自己的最好手段，是欣赏自己；欺骗自己的最好手段，也是欣赏自己。

▲ 没有目标的人生彷徨一世，有目标的人生奋争一世。前者暗淡而平静，空虚而平庸；后者艰辛而充实，折磨而璀璨。

▲ 智者顺势而为，愚者逆时而动。

▲ 在这个社会上谁都不傻，人心都是肉长的，你对人家虚情假意，怎么会寄希望人家对你真心实意呢？

▲ 千万不要只沉浸在自己已取得的成绩当中，而放弃了提升自己能力的机会，否则等待你的只有平庸的未来。

▲ 人一旦成为金钱的奴隶，就会失去对自我的主宰，所以说：如果你决定做个上进的人，就要超越自己，要做金钱的主人。

▲ 不工作就等于下地狱，因为那意味着人生已走到终点。闲散的生活会消磨一个人的志气，毁灭一个人的雄心，摧残一个人的生命。那些无所事事的人永远也感受不到工作的乐趣，享受不了富有生机和活力的人生。

▲ 内心世界丰富了，生活才可谓充实，发自内心的笑声才是最纯真、最动听的声音。

▲ 走出陈旧思想的束缚是创造新人生的一条重要法则，只要

有勇气去破旧立新，生活将是全新的开始。

▲ 凡事要以一颗平常心去对待，是你的终归是你的，不是你的不要强求，一切都顺其自然、随遇而安，才能在平静的生活中感悟快乐的真谛。

▲ 世界上没有卖后悔药的，任何人都要为自己的错误而付出代价，轻则让自己后悔，重则失去宝贵的生命。所以遇事要三思而后行，不要做让自己后悔的事。

▲ 现实生活中有一个误区，认为凡是用金钱买到的东西都是好东西。有这样想法的人们恰恰忽视了"金钱不是万能的"这句话。

▲ 人生最大的教训之一是要懂得拒绝，在你力不能及的时候，不要顾虑面子，否则更丢面子的事还在后面呢。

▲ 在竞争激烈的现代社会，弱肉强食是必然的趋势，只有使自己的能力超越了对方，才能处于不败之地。

▲ 成就他人的梦想是人间最真挚的爱，只有胸怀这种伟大的爱，心灵才能净化，品格才能升华，思想才能超越到一个新的境界。

▲ 如果你想拥有美好幸福的人生，具备一颗感恩的心是必不可少的，它可以令你体会到人间的温暖、生命的可贵。

▲ 世上本无完美之事，幸福和快乐也是相对的，没有任何事物可以作为衡量快乐的标准，关键在于你如何看待快乐与幸福。

▲ 幸福不可以用金钱来衡量，幸福没有可比性，因为每个人拥有的幸福都是千差万别的，只要满足现状，就能体会到幸福的甜美。

▲ 对人应该热情和主动，但要记住把握好分寸，不能过分，否则就容易干扰别人的生活，招致对方的厌恶。时刻不要忘了你喜欢热闹，别人也许喜欢清静或独处。

▲ 做人要难得糊涂，过分的精打细算，有时仍抵不过天算，所

以很多时候，我们不妨睁一只眼闭一只眼做人。要做到糊涂确实不容易，这不仅需要有一定的修养，还需要有一定的雅量。

▲ 在社交场合中，少说多听是一条永恒的守则，侃侃而谈不见得给自己增添光彩，更不能说明自己有学问，相反却可能会带来言而不实、卖弄自己的恶名。自己的脑袋一定要管住自己的嘴巴，说话一定要经过思考，这样才能长久地拥有快乐。

▲ 办事的时候，要多从对方的角度考虑问题，尽量不要给对方找麻烦，否则对方以其人之道还治其人之身，倒霉的还是你。

▲ 一个爱自然、爱生活的人，他的一举一动都不会只想着自己的方便，别人也会从你日常最平凡的言行中判断你的为人，千万不要不拘小节。

▲ 在小事上表现出善良和礼貌非常重要，小事上的不礼貌、不友好、不尊重，会造成难以弥补的伤害。在人际关系中小事就是大事。

▲ 智商并不是绝对的，思维灵活才是真正的聪明。如果不爱动脑筋，不善于思索，尽管有博士的智商，也会被人嘲笑为“傻子”。

▲ 爱美之心，人皆有之，虚荣之心也同样难免，有一点无妨，但要适可而止。追求虚荣的人常常要付出代价，被人崇拜的时候要保持冷静，切不可忘乎所以。

▲ 能为自己着想不会大，能替别人着想不会小。

▲ 知足者人虽贫却心富，不知足者人虽富却心贫。

▲ 幸福、快乐随处皆是，关键看你是否懂得寻找。用一颗平常心体会生活，你会发现生活中的每一个角落都充满乐趣。

▲ 做人要学会知足，及时浇灭心中不良欲望的火花，切勿让它造成灾害，否则，只能落得竹篮打水一场空的下场。

▲ 没出事时麻痹大意,出现意外后惊慌失措,造成损失后急于弥补,这是人常有的性格弱点。

▲ 助人就是助己,生存就是共存,社会分工越细,每个人对他人的依存度就越高。不会与别人合作,就相当于把自己送入地狱。

▲ 只要努力去做,事情就不嫌多,而且还会有收获。如果只选择了等,就会什么都来不及做了。

▲ 乐观如明灯,照亮希望的前程。

消极如毒品,腐蚀健康的心灵。

▲ 投入才能深入,付出才能杰出,平凡才能不凡,磨炼才能熟练。

▲ 心量小,烦恼多,痛苦亦多;心量大,喜悦增,福德亦增。

▲ 烂的疮疤要割除,才会长出新肉;坏习惯也要去除,才能培养德行。

▲ 恬淡可以医燥,宽厚可以医嗔。

随缘可以医执,读书可以医俗。

正念可以医心,慧解可以医邪。

▲ 信心如璎珞,可以令人身心庄严。

信心如手杖,可以令人行进无忧。

信心如宝藏,可以令人获得财富。

信心如城池,可以令人安全无虑。

▲ 有真心有热心,一定可以赢得人心。

有正念有信念,一定可以打败邪念。

▲ 不识贤惠是眼浊,不读诗书是口浊,不纳忠言是耳浊,不容他人是量浊,不通古今是识浊,常怀叛逆是心浊。

▲ 一句善心美言,即是天堂花香。

一声嗔恨恶语，即成地狱刀剑。

▲ 善是生命的常青树，一个人若丧失了善心，谁与他为伍，那还不是和虎狼在一起一样吗？

▲ 人最大的悲哀就是不认识自己，一个不能认识自己的人，往往昧于自己、昧于事实，而阻碍了自己的进步。

▲ 人生如大海，船过不留痕。

人生如晴空，雁过不留声。

▲ 生活中有很多恐惧和担心，完全是我们在内心想象出来的。很多时候，我们之所以害怕自己没有能力去完成一件想做的事，仅仅是因为我们不敢尝试。

▲ 在很多时候，你相信你行，你就行。你对自己感到泄气的时候，你已经失败了。

▲ 只要你内心自我感觉良好，抬头挺胸，显示出自信，就可以提升你的人气，赢得别人的尊重。

▲ 很多人从小就不知道什么叫自己的看法，长大后也甘愿随波逐流，这样的人只能平平庸庸、默默无闻地度过一生。

▲ 当别人不理解你的时候，你仍然可以在别人的怀疑中巧妙地坚持自己的意见。但是，保持自己的自信，坚持自己的原则，不一定要损害别人的面子，你可以做得更艺术一些。

▲ 记住，要想生活得快乐，最重要的就是保持自己的本色，你可以唱你自己喜欢唱的歌，你可以画你自己擅长的画，你最好做一个与你的经验、你的环境和你的家庭相适应的你。

▲ 当别人与我们开玩笑的时候，我们越是认真、越是气愤，受到的伤害就越是严重。在这种情况下，一笑了之，别把它当回事，才是明智之举。

▲ 在与人交往沟通的过程中，要试着去适应别人的思想架构，努力去体会他的看法。换言之，不只是替他着想，更要能够想象他的思路、体认他的世界、感受他的感觉，设身处地替他着想，这样才能保持良好的交往和沟通，有效避免误会的发生。

▲ 时间不会消除人和人之间的误会和矛盾，随着时间的推移，问题反而无法解决，所以一定要积极主动地尽快化解。

▲ 不同的人可能有不同的文化习俗、习惯和信仰。在与人交往的时候，从对方的角度考虑问题，就可以避免许多误会。

▲ 急于下结论或怀有偏见是人际冲突的常见原因，我们为什么不能对别人多些了解、多些宽容呢？

▲ 对于生活的强者来说，自卑并不应该成为前进的阻力，相反应该成为奋发图强、走向成功的动力。与其因为自卑而悲观丧气、受人歧视，不如变自卑为动力，从自卑走向自信，从失败走向成功，从渺小走向伟大，使自卑成为成功的本钱。

▲ 通过专注于你的事业，忘掉自我，保持一种泰然自若的心态，是克服紧张情绪、战胜自卑心理的法宝。

▲ 诚实是做人的根本，不诚实的人不能信任，更不能被委以重任，否则，你将永远分辨不清他是不是在骗你。

▲ 朴实的真诚奉献与贪婪的算计谋利自然会有不同的结果。现实生活中，后者往往会有眼前的收获与成功，但绝对经不起时间的考验。

▲ 任何事物都可以从多个角度去看，为什么总要找对自己最不利的角度，跟自己过不去？

▲ 真正的朋友比金钱和权势更加重要，真正的朋友要在困难时给予帮助，患难的生活才能看出友谊的忠诚。

▲ 临危不乱、冷静思考才是解决问题的好办法，与其迁怒于人、急于发泄，不如心平气和地寻求解决方法。

▲ 既然生活中生气是难以避免的，为什么不换个角度重新看待它，为什么不可以用一颗宽大的心来包容它呢？一旦做到这一点，你就会发现其实它还可以为你平淡的生活增添乐趣。

▲ 事事都选择沮丧失望，不如转变思维往好的方面想，选择痛苦呻吟不如选择开心快乐，如果你决心做快乐的人，生活就不会那么难过。

▲ 贤人有七德，一是不班门弄斧，二是不打断别人的话，三是不急于求成，四是提问题有针对性，五是解答要符合情理，六是谈话有始有终，七是要立足于实际。

▲ 许诺通常有两种：一种如清茶，倒一杯是一杯，一种如啤酒，才倒半杯便已泡沫翻腾。

▲ 迈步之前，千万不能只往下看，只去试脚下的地面，只有注视远方地平线的人才能找到正确的道路。

▲ 说我，羞我，辱我，骂我，毁我，欺我，骗我，害我，我将何以处之？容他，凭他，随他，尽他，让他，由他，任他，帮他，再过几年看他。

▲ 机会就像一扇迅速旋转的转门，当那个空档转到你面前时，你必须迅速挤进去。

▲ 在投机思维的背后，隐藏着深深的愚弄他人和社会的思想，将自己看高，将别人看低，一些人的历次失败莫不如此。

▲ 我一生有三乐：一是知足常乐，二是自得其乐，三是助人为乐。

▲ 你有信仰就年轻，疑惑就年老；有自信就年轻，畏惧就年老；有希望就年轻，绝望就年老。岁月使你皮肤起皱，但是，失去了热情，

就损伤了灵魂。

▲ 善良如果不和勇敢结合在一起，就一无所取。

▲ 成功的秘诀很简单，那就是不怕失败和不忘失败。

▲ 一忍可以制百勇，一静可以制百动。

▲ 忘记是一种风度，舍得是一种聪明。

▲ 你看事情太明白，往往就失去做事的勇气。

▲ 做人，人品为先，才能为次；做事，明理为先，勤奋为次。人生要学会不抱怨、不等待、不盲从。

▲ 淡字，一半是水，一半是火；人生，一半是披荆斩棘，一半是急流勇退。

▲ 爱是着了火的友谊。

▲ 比起魅力、财富、风度，男人最重要的是“担当”二字；比起美貌、修养、聪慧，女人最重要的是“眼光”二字。

▲ 在有冲突的地方，给予和谐；在有谬误的地方，宣扬真理；在有疑惑的地方，带去信仰；在有失望的地方，唤起希望。

▲ 心随境转是凡夫，境随心动是圣贤。

▲ 不要给自己制定那些虚无缥缈的终极目标，幸福和快乐其实就在你手头的每一件小事中。

▲ 仇恨与敌意如同一面不断增长的墙，宽容与善良则恰似不断拓宽的路。你在心底种下什么样的种子，就会有什么样的收获。

▲ 我们并不是说一个人应该独断专行，不顾是非黑白，而是说我们在听取别人的意见之后，一定要经过自己的认定和理解，应该有自己的主见，用足够的理智去认清事实，在决定方向之后，就不再受别人意见的左右。

▲ 别人的批评和评价只代表他个人的观点，而你过的是自己

的生活。

▲ 一个人的心胸应该宽阔，走出狭隘的自我，超越睚眦必报的狭隘心理，以宽容和怜爱的心情对待世界。

▲ 以德报怨、化敌为友是避免伤害所能采取的上策，这样做，需要很大的勇气和心胸，但你所得到的回报也会让你大喜过望。

▲ 我们只有学会了宽恕，才能成功地生活。最重要的是你对自己也一定要退一步设身处地去想，不要因为一个错误而苛责自己，也不要因为一个错误而苛责朋友。

▲ 处世的最佳原则是真诚地欣赏别人的优点，对人发出善意，引发良性循环而广结善缘。

▲ 宽恕具有神奇的力量，因为只有通过原谅别人，才能在心理上释放自己，在人际关系方面建立有效的网络。

▲ 一个成熟的人，就是兼备高勇气和高体谅的人。成熟的人，有勇气表达自己的感情与信念，又能体谅别人的感受与想法。成熟的人，有勇气追求自己的利益，也顾及他人的利益。

▲ 人都是需要怜悯的，互相怜悯大概是人的一种良知吧！没有怜悯，没有良知，人与人之间就会变得极其残酷。

▲ 每一个人的生命都是一个独一无二的美丽过程，不管你遇到了哪一种情况，都要认真对待，找到属于自己的那首曲调，微笑而投入地把它唱出来。

▲ 学会调节自己时刻紧绷的大脑，放飞心中的郁闷和烦恼，让轻松与快乐去滋润你的生活，尽量不要想不如意的事，让自己的心向好心情看齐。

▲ 我们用了太多的时间去策划未来的快乐、期望明天的美好，却忽视了眼前的东西。失去的时候感到痛惜，而拥有的时候却不知

道这就是值得珍惜的幸福。

▲ 自私是一种心理贫穷，往往使美好变成邪恶，它会扭曲人的心理，造成自我毁灭。

▲ 弱者困于环境，智者利用环境。反复述说自己的不幸，只不过给了别人一个听故事的机会，博取别人的同情，永远不能弥补自己的损失，要抓紧时间努力奋斗，拿回属于自己的那份东西。

▲ 精诚所至，金石为开，这是获得成功不可缺少的精神。成功者之所以是成功者，是因为他们具备这种精神；失败者之所以是失败者，是因为他们做事缺乏耐心，虎头蛇尾。

▲ 万事如意只是人们的一个祝福而已，这一辈子你能有百事如意就不错了，而且还要你自己去努力才行。

▲ 命运有时会同人开玩笑，你又何必太认真呢？反正大家都是赤条条来，赤条条去，把得失看成一种人生体验吧。

▲ 生存是人生的无价之宝，是金钱所不能换取的，生存就是福。

▲ 时势不断变化，当初做不到的事，今天可能就会轻而易举；当初能办到的事，今天可能就难以办到了。无论如何，关键是心中不要存下一个一成不变的概念。

▲ 走出陈旧思想的束缚是创造新人生的一条重要法则，只要有勇气去破旧立新，生活将是全新的开始。

▲ 很多人都有自己追求的梦想，也曾制定过目标，可有些人只是一时的心血来潮，制定完了就把它束之高阁，没有为此付出行动，最后仍然一事无成。要知道，心动不如行动，目标既然已经制定好了，就不要犹豫，坚定地投入行动中，有行动才会有机会。

▲ 常释怀，做人何必太认真。

▲ 活学妙用，做学问才能通透。

▲ 生活中的很多时候，你拒绝别人是不可避免的，只要你怀着一颗诚恳的心真诚待人，一定能得到对方的理解。

▲ 与其使用拳头与嘴巴去反击，不如拒绝反击，以达到不战而屈人之兵的效果。高明的社交家懂得战胜中伤唯一聪明的做法，是拒绝迎战那些明显的谎言。

▲ 诚为立身之本，诚实常常是最好的策略，不管是做人还是经商，不能只图眼前的利益，忽略了将会使你受益一生的良好品德。

▲ 身为父母，以身作则地教孩子诚信太重要了，如果连父母对孩子都经常言而无信，孩子将来还怎么相信和热爱这个世界呢？

▲ 丧失了财富，可以说没有丧失什么，可以失而复得；丧失了健康，等于失去了某种东西，需要长时间才能康复；但当丧失了品德时，就一切都丧失了。应该讲，世界上最聪明的人是最老实的人，因为只有老实人才能经得起事实和历史的考验。

▲ 年轻人在求职时所犯的最大错误往往就是不保持本色。他们不以真面目示人，不能完全坦诚，而给你一些他们以为你想要的回答，可能这个做法一点用也没有。在求职的时候，你不妨尝试一下据实回答考官的问题。

▲ 王侯将相宁有种乎？出身的高低并不能用来衡量一个人能力的大小，坦然地面对自己的出身，真诚地热爱你平凡普通的父母，同样可以受到他人的尊重。开心地接受你的出身，生命的阳光才能更加明媚。

▲ 失败了，检讨是必然的，但仔细分析造成失败的原因、及时找出解决问题的办法才是当务之急。检讨自己，将错误全归结在自己身上，不但不能解决问题，反而会把自己推入消极情绪的怀抱。所

以说，当遇到失败时，在失败的事情上切实找出原因，才是明智之举。

▲ 每个人在这个世界上都是独一无二的，没有人能取代你，所以你完全没有必要充当别人的影子，坚守住自我个性，才能让人生更加绚丽。

▲ 无事就会生非，没有道德信念的灵魂，自然就会成为邪恶侵扰的对象。

▲ 别人信口开河，你就信以为真，全然不知许多时候人家只是在拿你说事而已，自己一惊一乍，乱了阵脚，正常的工作、生活全因为别人的话而改变了。

▲ 逞一时意气之快，睚眦必报，本就不可取，为了打击报复又不择手段，终会让自己付出沉重的代价。

▲ 害人终害己，把别人推向危险时，自己是很难脱掉干系的。

▲ 凡事进易退难，要懂得谋定而后动的道理，率性莽撞而行，常会把自己置于不利之境地。

▲ 不要以为只有结交权贵，才会对自己有好处。心怀善意常助别人，一件微不足道的小事或许可以改变一个人的一生，反过来有许多小人物也会帮上你大忙。

▲ 有良好的自我感觉并没有错，问题在于，一不要到处喧耀，二不要轻易向人挑衅。

▲ 依靠特权生存的动物，早晚都会落个恐龙一样的下场。

▲ 可以不伟大，但不能渺小。

▲ 清廉一生平安，实干造福百姓。

▲ 幸福是一种感觉，快乐是一种选择，向左走选择快乐，向右走选择悲观，凡事不可能皆如意，就看你怎样去选择。

▲ 要活得快乐，活得成功，就必须先摆正自己的心态，走出失去的阴影，将视线设定在目前所拥有的事物上，无论什么时候，你都能感到光明美丽，快乐的生活总会围绕在你的身边。

▲ 天使能够飞翔是因为把自己看得很轻。以此类推，可以说：人要飞翔，需要谦虚谨慎，学会看轻自己。

▲ 只要人与人之间多一些谦让，就少一些争吵；多一些礼节，就少一些谩骂；多一些关爱，就少一些冷漠。

▲ 敬业精神是每个国家、每个民族不可缺少的一种职业精神，只有人人具备了敬业精神，国家才能富强，民族才能振兴。

▲ 人脉广了，路好走。要想办成事就要靠真诚不断扩大你的人脉交往圈，只有这样，你无论走到哪里，就会拥有无数的朋友和友谊。

▲ 只要你勇敢去做，遇到困难永不言败，你才能做好你想做的事情。如果你没有这份勇气，你就永远不会成功。

▲ 有人做错了事，经常只会埋怨，爱说出一堆可是，等理由，而不是立刻去纠正，结果他们担心的一切，只会继续得不到解决，因此，做人要养成今日事今日毕的习惯。

▲ 微笑是取得成功的秘密武器。有些时候，你可能会遇到一些尴尬的场面，此时的微笑可以帮助你摆脱尴尬，而又不损形象；你也可能会遇到一些难以解决的矛盾，此时的微笑可以使双方矛盾得到调和。所以，在处事过程中千万不要小看微笑这一简单的细节。

▲ 经常做一件事就会形成习惯，一旦形成习惯，习惯的力量是难以抗拒的。既然人有可能养成一种习惯，那肯定也会有能力改掉习惯，特别是改掉坏习惯。是否能改，关键就看你怎么做了，如果有决心和毅力，任何坏习惯都能克服和摒弃。

▲ 生活中有太多的困难和挫折在等待着我们，与挫折斗争时，必定会弄得满身“尘土”，但没有关系，拍掉身上的“尘土”，继续坚强地走下去，困难、挫折终会被你锲而不舍的精神击退。

▲ 人生历程中的种种挫折和不幸，就如书页中一幅幅插图，可以让人欣赏，让人产生美好的回味，成为奋进的原动力。

▲ 刻意的追求往往只会换来失意的惆怅，其实苛求完美，本身就是一种不完美。

▲ 嫉妒别人不如完善自己。如果你现在还生活在嫉妒中，就赶紧走出来吧！嫉妒是一把双刃剑，它会让你的心灵徒增烦恼，而且也不能减少别人的成就。与其嫉妒别人，不如完善自己，让自己变得更强、更有实力。超越那些令你嫉妒的人，才是你真正应该做的事情。

▲ 你的心态就是你真正的主人，有个好心态，才会有个好人生。

▲ 空谈误国，实干兴邦。

▲ 用我们的正能量托举梦想的翅膀。

▲ 不会与别人分享，最终的结果是自己也享受不到。

▲ 解决不了精神上的困难，就无法根治经济上的困难。

▲ 谁也不愿意自己的心灵被“钉”得千疮百孔，那么就请控制好自己的脾气和嘴巴。

▲ 心常常因细腻而伟大。

▲ 勇士的眼中，充满对未来美好生活的憧憬，并向着美好的生活而努力。懦夫的眼中，无论做什么事都有危险，认为生活中充满险阻。热爱生活的人，总是蔑视困难，永远向前，这就是勇士和懦夫的区别所在。

▲ 人一定要拥有一颗纯净的心，别让一些脏东西闯进你的心

灵、控制你的行为，别为自己美满的人生留下遗憾。做人要时刻升华自己的心灵，别将遗憾带入本已完美的人生旅途。

▲ 在纷繁的世界中，许多人都在追求不平淡的生活，认为那才是实现自身价值的唯一方式，拥有高档的车子、豪华的房子、漂亮的妻子才是一生的追求，其实拥有这种想法的人错了，真正懂得生命意义的是那些追求平淡生活的人。

▲ 一个人如果没有经历过灾难，不会懂得安乐生活的美好，只有经历过挫折、困苦的考验，才会明白“随遇而安”的真正含义。

▲ 假作真时真亦假，许多人被戏装给异化了，以至于曲终人散后，他还卸不下装，也找不到自己。

▲ 为了让生活轻松快乐，最重要的是看自己能做些什么有意义的事情，不要过多在乎别人对你的看法。将自己的事情做到最好，别人一定会给予你肯定，千万别让自卑扯你的后腿。

▲ 许多时候，人们往往对自己的幸福熟视无睹，而觉得别人的幸福很耀眼，想不到，别人的幸福也许对自己不适合，更想不到，别人的幸福也许正是自己的坟墓。

▲ 别人可能恨你，但别人恨你不管用，除非你也恨他们，而这样你便毁了你自己。

▲ 也许在生活中，我们有这样那样的缺陷，但是，只要我们有信心，就有希望降低事情的难度，找到生活的意义。

▲ 有时候，阻碍我们成功的主要障碍，不是我们能力的大小，而是我们的心态。

▲ 充满信心和自信，敢于去做那些充满挑战事的人，才能获得骄人的成绩。

▲ 使你快乐或不快乐，不是你有什么或你是谁，你在哪里或你

正在做什么，而是你的想法，由于心理态度不同，即使处境相同，做同样的事情你也可能会选择落落寡合或是欢欣愉快。

▲ 世间有许多东西，在失去的时候才会觉出它的珍贵。很多人，不在身边的时候，我们才会感到对他的留恋，孩子长大以后，总会离家出去闯荡，与其那时候感到失落，不如当他们在身边的时候，用欣赏而不是挑剔的目光去审视他们。

▲ 一切从现实出发，是成功的第一步。

▲ 谦退，是保身第一法。

安详，是处事第一法。

宽容，是待人第一法。

恬淡，是养心第一法。

▲ 节欲戒贪，是保身法。

收敛安静，是治家法。

顺其自然，是省事法。

行善修心，是出世法。

守此四法，结局通达。

▲ 搭把手，不孤独。

▲ 原谅别人是美德，原谅自己是损德。

▲ 灾要自己消，福要自己造。

▲ 常思己过，莫论人非。

▲ 杂乱的土地，长不出优良的作物；纷乱的田野，开不出智慧的花朵。

▲ 不管是损友还是益友，都是自己行为的镜子，可以照出你的优点和缺点。

▲ 得之坦然，失之淡然。

顺其自然，争其必然。

▲ 马在松软的土地上易失蹄，人在甜言蜜语中易失魄。

▲ 运气就是机会碰巧撞上了你的努力。

▲ 如果不读书，行万里路也不过是个邮差。

▲ 所谓门槛，过去了就是门，没有过去就成了槛。

▲ 坚强的意志和决心可以战胜一切困难。

▲ 执着的信念和无畏的心灵才是最强大的武器。

▲ 有序生活，善待生命，身心健康，益寿延年。

▲ 珍惜现在，善待生命，自强不息，健康第一。

▲ 平平常常，高高兴兴，不求多利，健康第一。

▲ 低调做人万事顺，低调做人是处世良方，沉得住气是成功的秘诀。

▲ 放下是一种快乐。

▲ 虚荣的背后是虚伪。

▲ 一分为二看事情。

▲ 知识再小，也要追求。

▲ 嫉妒是知足常乐的头号敌人。

▲ 浮躁多败事，疲惫多废事。

▲ 人生最宝贵的财富是真情。

▲ 尽心则无愧，平心则无偏。

▲ 不要求则心安，不要做则身安。

▲ 世上最难得是圆满。

▲ 人生就是八个字，喜、怒、哀、乐、忧、愁、烦、恼，喜和乐只占两个字，看透了就好。

▲ 人犯错误，多半是该用真情时太过动脑筋，而在该动脑筋时

又感情用事。

▲ 弱而愚者，不知谁看得起他、谁看不起他。弱而智者，最在乎谁看得起他、谁看不起他。强而愚者，以为无论是谁，都看得起他。强而智者，看得起他、看不起他都一样，他对别人也没有看得起、看不起可言。

▲ 人生苦短，容不下那么多忙。

▲ 希望自己的人生丰富多彩，就必须好好规划未来，没有规划的人生，容易随波逐流，一无所得。

▲ 有钱当念无钱日，得意休轻失意人，为道了无寒暑变，利生岂畏路途艰。

▲ 春有百花秋有月，夏有凉风冬有雪。若无闲事挂心头，便是人间好时节。

▲ 生命的尊严不在于它的绚丽，而在于它为后人所带来的怀念；生命的意义不在于它的长久，而在于它为后人所带来的典范。

▲ 我们或许有不少失败的记录，但是最后击败我们的，不是别人，正是自己。有信心，有力量，每一个人都能从失败中成功。

▲ 三个臭皮匠，胜过一个诸葛亮。

▲ 保持现状，就是落伍。踌躇不前，就是退步。

▲ 伟大艰巨的工作，皆由坚持忍耐而完成；光明灿烂的前途，皆由精进不懈而圆满。

▲ 真正会开车的人能观察空间，该快则快，该慢则慢；做人也一样，能掌握人与我的空间，则事事没有障碍。

▲ 顺境虽好，但往往会因此得意忘形，反而使人堕落；逆境虽苦，冲过难关，即成为事业成功的助缘。

▲ 走在人生的道路上，要有马拉松赛跑的精神，能够耐力持

久，才能跑出自己光明的前途。

▲ 培才爱才，才可以传灯。

教人用人，才可以传宗。

▲ 一个人必须有自觉的使命感，由此才会有责任感，才能恪尽职守，才能勇敢担当。

▲ 人要做到十项全能：能早能晚，能饱能饿，能冷能暖，能前能后，能进能退，能有能无，能大能小，能乐能苦，能荣能辱，能上能下。

▲ 做人要低姿态，做事要高水平。

▲ 做人低调六要：说话要低调，不要太高昂；做事要低调，不要太张扬；财势是低调，不要太夸张；报告要低调，不要太自赞；生气要低调，不要太迁怒；升迁要低调，不要太招摇。

▲ 人格建立在“不自私”三字，成功奠基于“不苟且”一语。

▲ 个人的能力要为团体服务，团体健全，个人才有出路。

个人的喜好要对大众有益，大众欢喜，个人才有快乐。

▲ 人生是由很多经验累积的，所以在跨出第一步时，要敢，只要敢承担、敢接受、敢尝试、敢卖力，没有什么事情不能做。

▲ 一个有用的人，勇于承担而不推诿，要给人以信心；一个优秀的人，凡事决不可轻易拒绝，要给人以希望。

▲ 做人要避免做：没有主见的人，立场不稳的人，思想偏激的人，行为鲁莽的人，做事武断的人，沉默寡言的人。

▲ 无欲则刚，自胜则强。

▲ 和平是大家共同向往的，但是绝非丧失尊严的苟安，而是人人在平等的原则下，共存共荣。

▲ 一个团体的运作，人才的选用是否得宜，是工作成败的关键。

▲ 忍耐的大地最为厚实，故要增长忍耐；烦恼的蔓草滋长最快，故要断除烦恼。

▲ 快乐要经过努力、勤劳，才能获得。没有牺牲奉献的精神与实践，无法体会真正的快乐。

▲ 不墨守成规，不故步自封，才能在变化中进步。

不短视近利，不好大喜功，才能在守成中成长。

▲ 从谦虚中体验乐趣；

从忍辱中培养美德；

从自制中克服物欲；

从宁静中安顿身心。

▲ 能够克服困难，便能获得良机；

能够解决困难，便能化解危机；

能够面对困难，便能寻求转机；

能够不怕困难，便能把握时机。

▲ 了解别人是体谅之道；

宽容别人是和睦之道；

接纳别人是群和之道；

关怀别人是友爱之道。

▲ 百年大树，必经多少风霜摧残。

百丈高楼，必经多少物力维艰。

百年老店，必经多少兴衰沧桑。

百岁老翁，必经多少坎坷考验。

▲ 你改变不了环境，但你可以改变自身；你改变不了事实，但你可以改变态度；你改变不了过去，但你可以改变现在；你不能预知明天，但你可以把握今天；你不能事事顺利，但你可以事事尽心；你

不能改变别人，但你可以改变自己。

▲ 只有做人成功，才是真正意义上的成功；只有做人成功，才能成为一个真正的人。

▲ 掌握做人的艺术，生活才能够事事顺心、顺手。

▲ 诚实是力量的一种象征，它显示着一个人的高度自重和内心的安全感与尊严感。诚实具有很强的吸引力，会把别人吸引到你的身边。为人诚实者终究能够得到超值回报。

▲ 勇于承认自己的错误不是一件丢脸的事，而是成熟和负责的表现，不管对方有多么大的怨恨和气恼，一个道歉的表示常常会为解决问题打开突破口。一旦你迫使自己勇敢地这样去做，克制自己不服输的心理，它将成为一种奇妙的消除矛盾的调和剂。

▲ 当你不小心犯了某种大的错误，最好的办法是坦率地承认和检讨，并尽可能地对事情进行补救，只要处理得当，你仍然可以立于不败之地。

▲ 当你无法改变环境时，就要转变思维去适应环境，这样往往能助你找到解决问题的方法，冲出重围，柳暗花明。

▲ 经常对自己重新定位，认识最新的自己，就可能超越过去及现在对自己的看法，这样，你就会发现一个全新的自己，这对走出逆境有很好的帮助。

▲ 生活中，有许多令人烦恼的事情，关键看你以什么样的态度去面对它。积极乐观，事情就会向好的方向发展，消极悲观，事情往往会变得更糟。所以遇到事情要选择一个正确的态度对待它，因为态度可以决定一切。

▲ 有人之所以会迷失在山谷里，是因为他们止步不前，一味地蹲在山谷中为迷失方向而烦恼、哭泣，如果他们意识到自己身处何

地，就能明白，最重要的是能在迷途中辨别方向，制定下一个目标。

▲ 急躁情绪可酿成大祸，时间是一味良药，关键看你如何选择，是甘愿被急躁情绪所控制，做出令自己反悔的事，还是愿意成为时间的俘虏，给自己更多的思考空间。

▲ 人无完人，任何人或事物不会是完美无缺的。追求完美没有错，但那需要一个度，过分追求完美是一项极其愚蠢的行为。当某个人或某件事不符合你的想法时，你应该调整自己，而不是苛刻地要求自己。

▲ 大丈夫能屈能伸，该低头时就低头，弯曲一下可以避开很多困难。

▲ 既然难以割舍，那就不要在乎负担的沉重；既然无法摆脱，那就快乐地接受。

▲ 望子成龙，仅仅期望和溺爱是不能成功的，更要让他懂得做人的道理，懂得为自己、为他人负责。

▲ 真正聪明的人善于思考，愚人则只会按常规做事。

▲ 水中捞月只是好梦一场，目标总藏在假象的背后。

▲ 凡事量力而行，不要模仿别人，做那些根本不可能的事。

▲ 错误往往是自己造成的，无论有什么事，先找自己的原因，再去责问别人。

▲ 生活是一面镜子，你对它笑，它就对你笑，你对它哭，它就对你哭。不管生活中遇到哪些不幸和挫折，笑对人生是最好的选择。

▲ 人非圣贤，孰能无过？做人倘若没有一点包容心，遇到有缺点的人就弃之千里，那么社会将是一个冷酷无情、令人生畏的人间地狱。所以，为了让世界充满爱、让社会充满人情味，每个人都要敞开胸怀去包容他人。

▲ 没有亲身经历，就不知道自己潜力的大小，不知道自己的分量。因此，尝试越少，就对自己的能力越没有把握，心虚感就越强，碰到重大事情，就越顾虑重重，越没有勇气。记住，勇气常常在不断尝试、不断增长见识、不断改善自我的过程中产生。

▲ 如果人的一生只为别人的评论而活，那无疑是一件愚蠢至极的事情，应充分享受自己的生活，不受外界不良因素的影响。

▲ 自强不息、奋发向上对任何人来说都是一个走向成功的法宝。不管是残疾人，还是健全人，同样需要这一武器。

▲ 按照自己的想法做事，成为自己的主人，切莫让他人操纵你的人生。

▲ 在逆境下忍得住气，在顺境下吃得了亏。

▲ 财大不可气粗，居高不可自傲。

▲ 书是人类进步的阶梯。

▲ 不恃才傲物，谨慎方能成事。

▲ 宠辱不惊，看淡世态炎凉。

▲ 心有多宽，路就有多宽。

▲ 清心寡欲，素描自己的人生。

▲ 顺其自然，才是智慧的精华。

▲ 安贫乐道，知足者常乐。

▲ 时间像一张网，撒在哪里，收获就在哪里。

▲ 一个微笑易如反掌，一句良言不费分文，却可使人受益良多。

▲ 知足是真正的富有，苛求是真正的贫穷。

▲ 不曾经历刀兵水火之苦，不知太平之福；不曾经历凶荒饿莩之苦，不知丰稔之福；不曾经历生离死别之苦，不知团聚之福；不曾

经历饥寒交迫之苦，不知饱暖之福；不曾经历疾病痛楚之苦，不知健康之福；不曾经历险峻风波之苦，不知恬静之福。

▲ 红花必须绿叶来扶持。

▲ 永不言败，永不放弃。

▲ 做好人，行好事，读好书，说好话。

▲ 不实心，不成事；不虚心，不知事。

▲ 有钱人更易学善良，聪明人更易学忠厚。

▲ 处富贵之地，要知贫贱人的苦恼。

在少壮之时，要知老年人的心酸。

居安乐之场，要知患难人的景况。

当旁观之境，要知局内人的痛痒。

不独只需知道，还要存心体贴。

▲ 处世让一步为高，退一步即成进一步的资本；待人宽一份为福，利人实为利己之根基。

▲ 人要学会赢，也要学会输。

▲ 人待人是无价之宝。

▲ 在权威面前一旦养成屈膝哈腰的习惯，不但自己只能生活在人家的影子中，而且人家也未必瞧得上你，自己不尊重自己，任何人都不会尊重你。

▲ 习惯的力量是巨大的，人一旦养成一个习惯，就会自觉不自觉地在这个轨道上运行。如果是好习惯，则会终生受益；要是坏习惯，可能就会在不知不觉中害你一辈子。

▲ 遇到自己想要做的事情时，不妨大胆些，不要畏首畏尾，被胆怯所束缚。只要认准了自己的道路，就要充满信心地放手一搏，及时迈出决定性的一步，将自己胆量一军。

▲ 通过专注于你的事业，保持一种泰然自若的心态，是克服紧张情绪、战胜自卑心理的法宝。

▲ 审时度势，尽量收敛起锋芒，以免引火烧身。

▲ 人生在世，如果将小挫折也当大麻烦去处理，那么人的一生也就没有其他的空闲时间去享受生活了，因为你的全部精力已经被那些无聊的小挫折占领了。所以为了让生活更精彩，就要将挫折和困难分开对待。

▲ 拿得起、放得下是一种伟大的处事智慧，它教你怎样快乐地享受生命中的每一天，告诉你要将人生中不如意的事情通通抛到九霄云外，快乐地迎接每一天。

▲ 没有必要让流言蜚语伤害到我们，因为那些无礼的流言蜚语并不是真正存在的，而是被那些道德败坏、没有修养的人凭空捏造出来的，所以，我们没有必要为此而耿耿于怀。

▲ 每一个人的生命都是无价之宝，不管他经历了多大的磨难，或许他被困难践踏得惨不忍睹，或者他被命运折磨得面目全非，或者他被自己羞怯的自卑攻击得体无完肤，但生命的价值仍然是无价的，因为人的生命和快乐是不能用金钱去衡量的。

▲ 自以为是，一意孤行，不知变通，就事倍功半，遭人嘲笑，还会害人害己，祸患无穷。

▲ 这个世界有太多的诱惑，一不小心往往会掉入陷阱，固守自己的家园，抵制住诱惑的招引，你才能生活得安逸。

▲ 世界上因为存在各行各业的人，才充满活力。任何一个行业都是装点世界的一盏明灯，缺少那一盏灯，世界就减少了一丝光明。每个人都是修饰各个行业的一丝阳光，缺少任何一个人，该行业就会显得有一丝寒意。因此，在这个世界上你的价值无人能替代。

▲ 在竞争激烈的大环境下，也许你因为在工作中没有突出的表现而感到自卑，也许你因为自己的才能被埋没而觉得自己无能，也许……但请你记住，你就是你，你是世界上独一无二的。

▲ 任何事情想通了，也就不再是障碍了，凡事想开了，也就没有跨越不了的鸿沟。有句话说得好，“没有跨不过去的火焰山”，只要放宽心胸就能海阔天空。

▲ 生活中的美好是属于你的，只要你懂得珍惜，你也可以被生活中的幸福包围；只要你懂得珍惜，你也可以体会到生命的短暂和宝贵。

▲ 在激烈的社会竞争中，你所做的每一件事情都可能成为社会给你定位的一个凭据，你以怎样的心态去面对你所做的每一件事，都决定着你能否在社会上立足。所以，面对不如意事，最好的办法就是调整心态。

▲ 随遇而安对现代人来说似乎是一件非常难的事情，因为随着时代的发展，人们的脑海中早已被竞争的观念填满，生活中经常被愁苦笼罩，但是要想生活得幸福、快乐，必须以心平气和的心态对待发生在你身上的任何事情，用随遇而安的心态去面对如意和不如意的境况。

▲ 做任何事情，没有足够的耐心和毅力都是不可能做好的，再好的机遇都可能与你擦肩而过。

▲ 要想赢得尊重，首先要自重，要自重，最起码的一点就是要有责任感。

▲ 人最危险的堕落是麻木不仁、停滞不前，以无所谓的态度对待一切。当你自我满足、不再前进时，你的工作会陷入瓶颈，你的状态就像沟渠里的那潭死水，你的事业会走入低谷，你的人际、经济、

情绪都会随之陷入危机四伏的境地。

▲ 对每个人来说，不是有没有机会，而是有没有进取心。当别人在为事业和前途奔波时，你却在茫然中虚度光阴，没有想到要跳出现状，自然只会在失望中徘徊。人只要有了进取心，再大的困难也能克服，再难的事也能做好。只要我们有这个决心，相信自己是努力向上的人，我们就是一个了不起的人。

▲ 当你把生活中的许多挑战当作一场场测试时，你就会把碰到的每一个问题当作一次成长的机会、一个更多了解生活的机会。无论你是否被许多问题、责任和困难所攻击，只要把这一切当作人生的测试，你总会有机会赢得胜利。

▲ 可以忍受贫穷，不能背叛人格。

可以追求财富，不能挥霍无度。

可以发表歧见，不能拨弄是非。

可以不做善人，不能为非作歹。

可以不做君子，不能去做小人。

可以容忍邋遢，不能容忍颓废。

可以没有学位，不能没有品位。

可以风流倜傥，不能纵欲无度。

可以不说感谢，不能不懂感恩。

▲ 守时、守信、坚定和敏捷，这四种好习惯，对打造完美人生起着至关重要的作用。

▲ 大喜易失言，大怒易失礼。

大惊易失态，大哀易失颜。

大乐易失察，大惧易失节。

大恩易失爱，大醉易失德。

大话易失信，大欲易失命。

▲ 现在，人性最大的悲哀，是自知陷入了泥潭，却感到生活得很好。

▲ 有人刻薄地嘲讽你，你马上尖酸地回敬他；有人毫无理由地看不起你，你马上轻蔑地鄙视他；有人在你面前大肆炫耀，你马上加倍地证明你更厉害；有人对你冷漠忽视，你马上对他冷淡疏远。看看你讨厌的人，轻易地就把你变成了你自己最讨厌的那个样子，这才是你最鄙视的人对你最大的伤害。

▲ 在精神世界经历既久，物质世界的豪华威严实在无足惊异，凡为物质世界的豪华威严所震慑者，必是精神世界的陌路人。

▲ 在这个时代，也许最重要的不是忙着去叫醒别人，而是时时刻刻扪心自问，为何要装睡。

▲ 做人凡事要静，静静地来，静静地去，静静地努力，静静地收获，切忌喧哗。

▲ 不要一味地抱怨工作的辛苦，多花点心思，认识一下你正在做的事情，就会从里面获得更多的成就感。

▲ 用最少的悔恨面对过去，用最多的珍惜面对现在，用最多的梦想面对未来。

▲ 任何限制，都是从自己内心开始的。

▲ 人若软弱，就是自己最大的敌人；人若勇敢，就是自己最好的朋友。

▲ 挫折其实就是迈向成功应缴的学费。

▲ 真理是时间的孩子，不是权力的影子。

▲ 成功的快船不等待迟来之客。

▲ 是你的就是你的，愈是紧握，愈容易失去。

▲ 起初是我们养成习惯，后来是习惯造就我们。

▲ 你不必和因果争吵，因果从来就不会误人；你也不必和命运争吵，命运是最公平的审判官。

▲ “修行”就是修正自己的错误观点。

▲ 失意事来，治之以忍，方不为失意所苦；快心事来，处之以淡，方不为快心所惑。

▲ 最幸福的人，并不一定什么都是最好的，只是因为他们懂得欣赏生活的美好。

▲ 人可以免费获得的东西除了痛苦、贫穷、卑贱，其实还有快乐、自信和幸福。如果都用钱买，那便是焦虑的开始。

▲ 你把周围的人看作魔鬼，那你就生活在地狱；你把周围的人看作天使，那你就生活在天堂。

▲ 一个人越懒，那明天要做的事就越多。

▲ 没有回头，哪有奔头。

▲ 实处着脚，稳处下手。

▲ 与己无缘者，随他来去，即为淡；与己有缘者，好自珍惜，即可有味。

▲ 美德有如名香，经燃烧或压抑而其香愈烈。

▲ 走出逆境之后，得意忘形便可能陷入另一逆境，消除逆境后缩手缩脚，便等于没有走出逆境。

▲ 总结历史上的人格类型，多是三种：一曰“顺民”，即逆来顺受；麻木不仁；二曰“暴民”，逼急了跟你干，逼上梁山，滥杀无辜；三曰“逸民”，不关于世事，骑青牛出函谷关，独善其身。历史上所最缺者，乃“公民”——有爱心，有理性，尊重原则，以善胜恶，致力于用爱心和理性，建设性地推动社会的更新与进步。

▲ 爱是一颗心遇到另一颗心，而不是一张脸遇到另一张脸。

▲ 幸福包含三种能力：放下过去的能力，也就是不再因过去所受的伤痛感到怨恨、内疚、悔恨、悲伤；面对现实的能力，即面对挫折能够有效应对，不因困境而不知所措；享受当下的能力，即在生活的起伏中，能够随时品尝、收获快乐和充实自己。

▲ 幸运之神的降临，往往只是因为你多看了一眼、多想了一下、多走了一步，也是因为你早看了一眼、早想了一下、早走了一步。

▲ 古之成事之八律：觉人之诈，不愤于言；受人之侮，不动于色；察人之过，不扬于人；施人之惠，不记于心；受人之恩，铭记于心；受人之鱼，而学之渔；识人之才，授之于权；善于谋人，有容乃大。

▲ 人若喜欢自寻烦恼，必能如愿以偿。

▲ 生活中并不缺乏温暖与善意，只要我们用心吸取，终将汇成改变你我的温暖洪流。

▲ 每一次痛心与焦虑的背后恰恰说明，如潮的向善之心从未泯灭和走远。

▲ 在一切对人不利的影响中，最能使人短命和夭亡的是不良的情绪和恶劣的心境。

▲ 生活是否幸福、平安、吉祥则要看他的为人处世是否道德无亏，能否做社会的表率。

▲ 如果良好的习惯是一种道德资本，那么在同样的程度上，坏习惯就是道德上无法偿还的债务。

▲ 当别人为悲伤而哭泣时，请暂时收起你的笑脸。

▲ 人之心胸，多欲则窄，寡欲则宽；人之心境，多欲则忙，寡欲则闲；人之心术，多欲则险，寡欲则平；人之心事，多欲则忧，寡欲则乐。

▲ 反抗你的敌人需要过人的勇气，而在朋友面前坚持自己的

立场，需要更大的勇气。

▲ 让硬邦邦的世界不至于硬到心里，让软弱的心不至于软到塌下。

▲ 把时间分给值得爱的人，是人生中最好的投资。

▲ 寂寞是生命中的常态，那些热闹的时光才来自偶然。

▲ 总盯着了不起的过去，你就不会有了不起的未来。

▲ 聪明睿智，守之以愚。道德隆重，守之以谦。

▲ 翘首盼来的春天属于大自然，用手织出的春天才属于自己。

▲ 接受劝告的人很多，只有聪明的人才会得到它的益处。

▲ 人才，推崇人才；庸才，嫉妒人才。

▲ 保持什么习惯，发表什么言论，为什么事情奔波，基本上可以验证这个人是什么来历。

▲ 无论发生什么事情，都要对自己忠诚。

▲ 生活是一种锻炼灵魂的东西。

▲ 宁可清贫自乐，不可浊富多忧。

▲ 不可压倒一切，但也不能被一切压倒。

▲ 最先道歉的人最勇敢，最先原谅的人最坚强，最先释怀的人最幸福。

▲ 缘之所系，不是永不别离，而是不断地重逢。

▲ 瘦子永远体会不了胖子站在秤上的忧伤，胖子永远理解不了瘦子被轻易推倒的凄凉。因此，我们要学会体谅。

▲ 当你阻碍别人前进的同时，无疑也断了自己的后路。

▲ 不能制约自己的人，不能称之为自由的人。

▲ 气不和时少说话，有言必失；心不顺时少做事，做事必败。

▲ 生活不必处处带着别人送给你的尺子，时时丈量自己。

▲ 平安是幸，知足是福。

▲ 无病第一利，知足第一富，善友第一亲，温馨第一乐。